HOW TO CAMP

Der Guide zur großen Freiheit

Von Marie Welsche und Martin Bliss

Die Reiseleidenschaft begleitet die Autoren Marie Welsche und Martin Bliss seit dem Beginn ihrer Beziehung und ist stetig größer geworden. Ob im Zelt für einen Kurztrip, mit dem Bulli durch Europa und Marokko oder dem Geländewagen durch Australien – alles wird ausprobiert. Neugierig geworden?

Trautes Heim

ABENTEUER CAMPING – EIN PLÄDOYER

»
Zögere nie, weit fortzugehen, hinter alle Meere,
alle Grenzen, alle Länder, allen Glaubens.
«

Amin Maalouf

CAMPEN – IST DAS ETWAS FÜR MICH?

„Lass uns campen!" Martin und ich sind gerade vier Wochen zusammen und planen unseren ersten gemeinsamen Urlaub. Erinnerungen werden wach an Übernachtungen im Zelt im heimischen Garten. An das Gewirr von Stangen und Planen, die zum sicheren Unterschlupf für die Nacht werden. Die Aufregung. An Gruselgeschichten im Schein der Taschenlampe. Später im Jugendcamp, umgeben von Pinienduft, salziger Luft und Meeresrauschen. Zusehen, wie der blaue Himmel von einem orangefarbenen Glanz überzogen wird und sich schließlich violett färbt. Darunter, wild und weit, der unendliche Ozean. Freiheit, Sehnsucht und Fernweh.

NATUR ERLEBEN, DIE SINNE SCHÄRFEN

Jeder kann campen, denn Campen ist weniger eine Frage des Geldbeutels, sondern eine Frage des Komforts, den man sich wünscht. Doch Campen ist mehr als der Verzicht auf den gewohnten Luxus. Das mobile Leben wird den Horizont erweitern, die Gelassenheit steigt und man merkt, wie wenig es braucht, um den Augenblick zu genießen. Gerade außerhalb der Saison muss man oft nicht planen, sondern darf sich überraschen lassen und an schönen Orten einfach ein paar Tage länger verweilen. Interessant wird auch die Erfahrung sein, auf engstem Raum zusammenzuleben und die verschiedensten Situationen zu meistern. Unwetter überstehen oder Autopannen meistern, nachts einen Campingplatz suchen oder dem Ameisennest entkommen. Nichts ist schöner als die Freiheit, mobil zu sein, zu fahren, wohin man will, und zu bleiben, so lange man will. Das Wäldchen wird zum Wohnzimmer, der See zum Bad und die Wiese davor zur Küche.

Als Camper ist man sehr vom Wetter abhängig und muss manchmal den Tag damit verbringen, eine Regenrinne um das Zelt zu graben oder eine undichte Stelle am Fenster zu kitten. Wie schnell ein Tag vergehen kann. Und trotzdem: Aufstehen, die Sachen packen und losfahren – mit oder ohne Ziel und mit viel oder wenig Zeit.

Irgendwann wird man merken: Campen kann die Einstellung zum Leben, zur Natur ändern. Wer sich auf das Wagnis einlässt, wird häufiger auf sein Bauchgefühl hören. Selbst aktiv werden und recherchieren, statt sich auf andere verlassen. Tun, was einem guttut. Und aufhören, langfristig zu planen.

Das klingt zu gewagt? Keine Sorge, Campen kann sehr geregelt ablaufen und ist auch etwas für die Vorsichtigen und Beginner, die mit Netz und doppeltem Boden ein kleines Abenteuer wagen wollen. Dennoch: Jeder sollte sich unbedingt fragen, ob Campen das Richtige für ihn ist! Denn ob mit Auto oder ohne,

TIPP

Wer sich noch unsicher ist, der kann für einen Augenblick in diese neue Welt schnuppern, eine kleine Tür öffnen. Mit einem gemieteten Wohnmobil oder einem Zelt von Freunden für ein paar Tage in die Natur fahren. Denn je länger die Reise und je weiter entfernt das Ziel, desto größer werden die Herausforderungen – aber auch die Wunder. Eines ist sicher: Wer campen geht, verlässt seine Komfortzone. Und erst da beginnt das Leben!

es ist etwas anderes, mobil unterwegs zu sein, als in einem Hotel abzusteigen. Wichtig ist nur, dass man gern draußen ist, aktiv ist. Denn es gibt immer etwas zu tun und egal welche Form des Campens man wählt, alles dauert viel länger, als man es geplant hat. Daher sind Geduld und Toleranz gefordert, wenn etwas nicht klappt.

Vielleicht entdeckt man neue Seiten am Partner, den Kindern und möglicherweise am Haustier. Was dazu führen kann, dass Probleme zu Tage treten, sich alle aber auch der Stärken bewusst werden. Und das schweißt zusammen!

» Fahre in die Welt hinaus. Sie ist fantastischer als jeder Traum. «

Ray Bradbury, US-amerikanischer Schriftsteller

Ein Lagerfeuer anzuzünden, lieben besonders die jüngsten Camper

FAZIT

Man kann und muss aktiv werden, denn es gibt viel zu tun im Camperalltag. Es gilt zu improvisieren und mit dem, was man hat, Lösungen zu finden. Man wird sich über Fehler ärgern und fluchen. Sich vornehmen, beim nächsten Mal alles besser zu durchdenken und optimaler zu machen. Aber das Schöne ist, dass diese Dinge in den Hintergrund treten werden. Weil es unglaubliche Dinge zu erleben gibt, man Tag für Tag aufs Neue staunt und sich selbst ganz neu kennenlernen darf. Man wird Menschen treffen, mit denen man über seine Erfahrungen sprechen kann, und schnell feststellen, dass man auf einer Wellenlänge ist.

EIN TAG IM CAMPINGLEBEN

Bevor wir deinen Campingurlaub konkret planen, nehmen wir dich mit auf eine Reise. Kuschle dich tiefer in deinen Sessel und entspanne dich. Atme tief ein und aus – vielleicht ist jemand da, der dir den folgenden Text vorliest? Begleite uns einen Tag lang am Strand in Costa Rica, vom Aufwachen bis zum Schlafengehen.

5.30 Uhr: Der Tag erwacht

Von der Sonne geweckt werden und das Meer sehen

Es ist früh, sehr früh. Ich liege in meinem Bett, im Hintergrund brechen die Wellen leise am Strand. Es ist angenehm kühl, und ich ziehe die Decke etwas höher. Atme tief ein. Rieche die trockene Luft, den Sand. Kann die Palmblätter im Wind rascheln hören.
Wohlig seufzend drehe ich mich noch einmal um. Sehe, wie die Sonne aufgeht und es heller wird. Das Licht dringt zaghaft durch meine Lider. Ich rekele mich wohlig. Spüre, wie sich etwas im Camper bewegt. Leichte Vibrationen dringen bis an mein Bett. Denn Mexi, unsere Hündin, hat mein Rekeln bemerkt. Ich höre, wie sie aufsteht, gähnt, sich streckt.
Verschlafen öffne ich die Augen. Das Licht scheint sanft durch die geöffneten Fenster, die gestreiften Vorhänge bewegen sich leicht. Im Fliegengitter glitzern Wassertropfen wie kleine Perlen. Ein Lufthauch weht herein und birgt die Ahnung eines heißen Tages. Noch einmal strecke ich mich und werfe einen Blick auf den Wecker. 5.30 Uhr. Sonnenaufgang. Also dehne ich meine Glieder ein letztes Mal und stehe auf.
Freudig schmiegt Mexi sich an mich. Blickt zu mir und zur Tür. Ich streichle über ihr glattes Fell, dränge sie vorsichtig zur Seite und öffne die Tür. Das Rauschen der Wellen wird lauter. Darunter mischt sich das laute Zirpen der Zikaden und das Zwitschern der Vögel.
Vor mir regen sich die Palmen träge im Wind, der Strand liegt noch im Schatten. Dahinter funkelt das glasklare Wasser des Meeres. Am Horizont kann ich eine Insel ausmachen. Ein paar

Wölkchen ziehen über den rosa Himmel. In der Ferne versinkt der Vollmond hinter der Insel. Tief atme ich die leicht salzige Luft ein. Inhaliere den Duft nach Strand und Weite in meine Lungen. Noch ist der Strand menschenleer.

7.00 Uhr: Morgenspaziergang am Meer

Schnell klaube ich meine Kleider zusammen und putze die Zähne. So viel Zeit muss sein. Dann bin ich bereit für den Morgenspaziergang. Diese Zeit gehört mir allein! Zumindest fast. Denn Mexi steht schon ungeduldig an der Tür. Aufgeregt streift sie um mich herum. Ist voller Tatendrang, will losziehen. Gemeinsam laufen wir die kurze Böschung zum glatten, kühlen Strand hinunter. Der Sand schmiegt sich angenehm an meine Füße. Ich lasse die Schultern kreisen, weiche ein paar kleinen Krebsen aus und laufe los.
Danach erklimmen wir ein paar Felsen, und ich bestaune immer wieder den prachtvollen Anblick der Natur, die sich auch jetzt von ihrer besten Seite zeigt. Wir schlagen den bekannten Weg ein. Gehen nach ein paar Metern in die Büsche und erledigten unser kleines Morgengeschäft. Mexi hält Wache und kommt sich sehr wichtig vor. Die Hände wasche ich vorläufig im Meer, genieße das warme Wasser. Ein paar Fische flitzen davon und ich weiche einer Welle aus, die sanft an meinen Beinen bricht. Die Sonne steigt schnell. Die Schatten am Strand werden kürzer, die Temperaturen steigen im Minutentakt. Auch als Morgenmuffel bin ich nun wach, werde aktiver. Gemeinsam mit Mexi sammle ich den Plastikmüll, den die Flut angeschwemmt hat.

» Eine Nacht im Grand-Hotel ist Luxus für den Körper. Eine Nacht unterm Sternenzelt ist Luxus für die Seele. «

Till Eitel

Zurück am Camper nehme ich zwei Wasserkanister und gehe zu einer Stelle am Fluss, wo das Wasser ruhiger und kühler ist. Ein paar Vögel fliegen auf, im Gebüsch und zwischen den Bäumen raschelt es. Gerade noch entdecke ich den Schwanz eines Eichhörnchens, ein paar Krebse ziehen sich eilig in ihre Löcher zurück. Dann fülle ich die Kanister und trage sie zurück zur Basis. Martin hat bereits die Glut vom Vorabend wieder entfacht und kocht Wasser auf für den Morgenkaffee. Mexi ist in-

Mit einem Frühstück in der Natur beginnt jeder Tag gut

zwischen unter dem Camper verschwunden und hält das erste Schläfchen des Tages. Ich fülle das Wasser in den Außentank, werfe das benutzte Papiertaschentuch in die Flammen und wasche meine Hände mit Ökoseife. Hygiene muss sein. Vor allem, wenn man so viel draußen ist. Dann steige ich in den Camper und bereite das Frühstück zu. Es gibt Müsli mit viel Obst. Doch vorher bringe ich Kissen und Decken nach draußen und hänge sie zum Lüften auf. Öffne alle Fenster im Camper, ein leichter Luftzug weht hindurch.

9.00 Uhr: Frühstück unter Palmen

Mmh, der Duft von Kaffee steigt mir in die Nase, Zeit für die erste Tasse. Entspannt setzten wir uns an den Strand auf einen umgekippten Baumstamm und lesen auf dem Handy die neuesten Nachrichten aus der Heimat. Eine leichte Brise streift durch mein Gesicht und kühlt den ersten Schweiß des Tages. Die Sonne steht bereits hoch am Himmel.
Zusammen holen wir Tisch und Stühle aus dem Camper und stapeln Köstlichkeiten darauf. Costa Rica mit seinen Früchten bietet immer wieder Überraschungen! Heute gibt's kühlen Kokosnusssaft, da entspannen Körper und Geist sofort.
Wir nutzen die frühe Stunde und schlendern ins nahe gelegene Dorf, um ein paar Einkäufe zu erledigen. Im Laden gibt es weiches Brot, das bestenfalls als Toastbrot durchgehen kann, fri-

sche Eier vom Hof um die Ecke, die wichtigsten Trockenvorräte und eine kleine Auswahl an Obst und Gemüse.
Auf dem Rückweg kommen wir ins Schwitzen. Die Sonne brennt bereits mit voller Kraft auf meinen Nacken, dabei ist es erst zehn Uhr morgens. Im Camper ziehe ich mich schnell um, nehme ein paar getragene Kleidungsstücke, etwas Kaffeesatz und Lavaerde und wandere erneut Richtung Fluss. Zwischen den Bäumen ist es deutlich kühler. Das Wasser des Flusses ist herrlich frisch. Andere Camper haben ihn terrassenförmig gestaut, sodass hüfttiefe Becken zum Baden einladen. In eines lasse ich mich gleiten, verreibe den Kaffeesatz auf meiner Haut und genieße das Peeling und den anregenden Duft. Die dunklen Kleidungsstücke reibe ich ebenfalls mit Kaffesatz, die hellen mit dem Waschmittel ein, jetzt die Wäsche kurz im Fluss schwenken und fertig! So entspannt kann Waschen sein.

Haare waschen im See – mit ökologischem Shampoo kein Problem

Ich plansche ein wenig, ziehe meine Finger durch das klare Wasser. Noch immer ist kaum jemand zu sehen, und ich genieße die Ruhe und das angenehme Bad im Fluss. Danach gönne ich Körper und Haaren etwas Kokosöl. Damit bleiben Haut und Haare geschmeidig und werden ein wenig vor der Sonne geschützt.

11.00 Uhr: Entspannung pur – Surfen und Lesen

Zurück am Camper nutze ich die angenehme Brise für eine kleine Runde Frühsport. Nach einem kritischen Blick auf die Wellen schnappt sich Martin das Surfbrett, paddelt aufs Meer hinaus, um die Wellen zu reiten. Darauf habe ich heute keine Lust. Stattdessen springe ich zur Erfrischung nach dem Frühsport kurz ins Meer. Dann spanne ich die Hängematte, zücke meinen E-Book-Reader und öffne einen Schmöker. Bemerke kaum, wie die Zeit verfliegt. Bis ein Schatten auf mich fällt und Wassertropfen auf meine Arme regnen. Zufrieden und ausgelaugt lässt sich Martin neben mir auf den Stuhl fallen. Inzwischen steht die Sonne im Zenit. Das trifft sich gut, denn der Akku meines Readers ist fast leer. Doch unsere Solarzellen haben die Energiereserven bereits aufgefüllt, und ich kann das elektronische Buch laden. Martin stochert derweil im Feuer und legt ein bisschen Holz nach. Zeit für einen zweiten Kaffee. Da sage ich natürlich nicht Nein. Ich fahre die Markise aus, um der Sonne zu entkommen. Das bisschen Kokosöl reicht als Lichtschutzfaktor nicht aus.

13.00 Uhr: Mittagspause – keine Zeit für Siesta

Seufzend spüle ich das Geschirr vom Vortag mit dem Flusswasser und trockne es ab. Es ist unglaublich, welche Berge sich täglich ansammeln! Penibel wird alles zurück an seinen Platz geräumt. Da sieht es im Camper gleich besser aus.
Nach dem Abwasch nutze ich die heißen Stunden des Tages, um im Camper ein bisschen zu arbeiten. Ich stelle den Ventilator an und eine kühle Brise streicht über meine Haut. Gute Bedingungen für gute Texte. Martin übt unterdessen mit Mexi ein paar Tricks und gibt sich dem Müßiggang hin. Plaudert mit anderen Campern.
Inzwischen ist es fast drei. Wir packen ein paar Bananen und Wasser ein und streifen ein wenig durch die Gegend. Mexi nehmen wir mit. Zu entdecken gibt es genug: ein Flüsschen hier, einen kleinen Wasserfall dort; am Wegesrand finden wir eine Kokosnuss und nehmen die Beute mit.
Erschöpft, aber voller Eindrücke erreichen wir den Camper. Martin öffnet die Kokosnuss mit einer Machete und verteilt den erfrischenden Saft. Danach wird das harte Fleisch verspeist. Herrlich! Der perfekte Snack nach der Wanderung durch die heiße Nachmittagssonne.

» Eines Tages wirst du aufwachen und keine Zeit mehr haben für die Dinge, die du immer tun wolltest. Tu sie jetzt. «

Paulo Coelho

18.00 Uhr: Lagerfeuerzeit

Am Abend wollen wir uns mit den anderen Campern am Lagerfeuer treffen. Einer macht immer Feuer. Das ist eine gute Gelegenheit, ein bisschen zu erzählen, sich besser kennenzulernen. Martin wirft seine Angel ins Meer. Derweil bereite ich einen Hefeteig zu und schnippele Grillgemüse. Natürlich hat Martin mal wieder Pech. Glück für die Fische.

Beim Abendspaziergang tobt Mexi sich am Strand mit ein paar neuen Hundefreunden aus. Zurück am Camper gönnen wir uns eine kurze Erfrischung aus der Solardusche. Dann treffen wir die anderen am Feuer. Martin hat die Glut entfacht. Ich forme aus dem Brotteig ein paar flache Fladen und beobachte, wie sie auf den Kohlen backen. Als Deutsche mit verwöhntem Gaumen kann ich auf gutes Brot auch auf Reisen nur schwer verzichten. Dazu gibt es selbstgemachten Aufstrich und Butter, die auf dem warmen Brot zerfließt.

Zischend wird das erste Bier geöffnet. Heute Abend gibt es ein Potluck, die anderen Gerichte schmecken herrlich! Jemand holt eine Gitarre hervor und stimmt ein Lied an. Zufrieden kuschle ich mich in den noch warmen Sand und lehne mich entspannt zurück. Gemeinsam beobachten wir, wie die Sonne den Horizont blutrot färbt und die Sterne sich langsam vor dem dunkler werdenden Himmel abheben. Dank einer leichten Brise ärgern uns heute keine Mücken und Fliegen. Der letzte Surfer verlässt das Wasser, während hinter uns der Mond aufgeht und silbern scheint. Langsam fallen mir die Augen zu. Wie schnell der Tag schon wieder vorbeiging.

Doch noch kann ich nicht ins Bett. Erst muss alles sicher im Camper verstaut werden. Ich stapele das Geschirr auf dem Herd, schließe den Camper ab, öffne zwei Fenster und stelle den Ventilator an. Abends senkt sich die Hitze im Camper wie eine warme Glocke herab, erst in den Morgenstunden wird es wieder kühl. Müde schaue ich auf die Uhr. Es ist kurz nach neun Uhr. Bereits eine Stunde nach Baja-Midnight, wie acht Uhr weiter nördlich, auf der Halbinsel Yucatán scherzhaft genannt wird. Und das zu Recht.

Als Camper lebt man mit den Sonnenzeiten. Uhrzeiten und Tage spielen kaum eine Rolle. Was zählt, ist das Hier und Jetzt. Planungen werden spontan gemacht oder wieder verworfen. Trotzdem, morgen musst du Wasser auffüllen, das Mückennetz an der Tür reparieren und den Ölstand prüfen. Denn bald geht's weiter. An einen neuen Ort, an dem neue Abenteuer warten.

TIPP: POTLUCK

Ein Potluck ist ein Büffet, bei dem jeder Teilnehmer ein Hauptgericht, eine Vor- oder Nachspeise seiner Wahl mitbringt. Erlaubt ist, was gefällt. Dadurch kommt immer eine herrliche Vielfalt an Gerichten auf den Tisch. Manchmal gibt es ein Fünf-Gänge-Menü, manchmal aber auch nur Salate oder Desserts.

Für Zelte gibt es oft einen eigenen Bereich auf Campingplätzen

ZELT, WOHNWAGEN ODER WOHNMOBIL – WAS PASST ZU MIR?

Wir haben auf unserer Reise schon die verschiedensten Camper gesehen: Seien es Radfahrer mit einem Anhänger, die abends ihr Zelt aufschlagen und frühmorgens die Kühle des beginnenden Tages für die nächste Etappe nutzen. Oder Camper, die mit dem Rucksack und einem Surfbrett durch Mittelamerika trampen, um an entlegenen Orten ihr Lager aufzuschlagen. Sie reisen mit wenig Gepäck, einem geringen Budget und haben den Vorteil, dass sie an fast jeden Ort kommen. Sie können schnell ihre Reise unterbrechen und sind viel näher an Land und Leuten.

Leider müssen wir zugeben, dass wir für diese Art des Reisens, ohne Auto und mit wenig Gepäck, zu bequem sind. Wir schleppen immer einen riesigen Vorrat an ALLEM mit uns herum. Außerdem sind wir gern unabhängig und lieben es, an entlegenen Orten zu verweilen. Doch mit größtem Respekt ziehen wir vor diesen Campern den Hut! Sie müssen nicht ständig ihr Auto warten und reparieren und sind ohne Visum für das Auto flexibler, was den Aufenthalt in einigen Ländern außerhalb Eu-

WICHTIG

Die wichtigste Frage vor dem Urlaub Richtung große Freiheit ist natürlich das Wie: Wie willst du unterwegs sein? Zu Fuß, mit dem Fahrrad oder motorisiert? Im eigenen PKW oder mit einem individuell ausgestatteten Fahrzeug?

ropas betrifft. Grenzen sind nicht so aufwendig zu passieren, außerdem ist das Reisen ohne motorisiertes Heim deutlich günstiger. Dennoch: Wir lieben unser Auto und möchten es nicht missen.

Doch das hört sich gut an? Reisen ohne Auto ist der passende Reisestil? Dann kann es gleich ans Eingemachte gehen. Wem aber noch nicht klar ist, wie er ins Camperleben starten möchte, welche Art des Reisens und welche Unterkunft die richtige ist, dem liefert der kurze Test erste Anhaltspunkte. Denn die Art zu Reisen hängt stark von dem Fahrzeug ab, für das man sich entscheidet.

Ob groß oder klein, breit oder schmal, alt oder neu, Fahrrad, Allrad oder Standard – nicht jedes Reisemobil eignet sich für jeden Typ. Welches Mobil ist also das richtige? Der Test hilft, das herauszufinden.

DER GROSSE CAMPER-TEST

Du hast ...

A ein kleines Budget.

B ein mittleres bis großes Budget.

Du bist handwerklich ...

A sehr begabt und motiviert.

B weniger talentiert.

Du hast ...

A sehr viel Zeit,

B kaum Zeit,

die du in einen Umbau investieren kannst und willst.

Du möchtest beim Reisen ...

A vor allem draußen sein und stellst keine hohen Ansprüche an dein Mobil.

B eher nicht auf deinen gewohnten Lebensstandard verzichten.

Du möchtest beim Reisen ...

A draußen kochen.

B drinnen kochen.

Du kannst ...
A auch mal
B auf keinen Fall
auf eine Toilette und/oder Dusche im Reisemobil verzichten.

Das Gefährt sollte ...
A möglichst unauffällig sein.
B etwas Besonderes sein.

Im Mobil reisen ...
A ein bis zwei Personen.
B drei und mehr Personen.

Du hast ...
A keinen Führerschein oder einen Führerschein der Klasse B.
B einen „alten Lappen" oder bereits eine Erweiterung (BE, C etc.).

Kann man die Heckklappe öffnen, schläft man fast direkt unter den Sternen

Auswertung

Für Antwort A gibt es je 5 Punkte, für Antwort B je 10 Punkte. Zähle die Punkte zusammen und lies dir dein Testergebnis in Ruhe durch.

45–60 PUNKTE

Du verspürst große Reiselust, hast nur einen kleinen Geldbeutel? Dafür aber etwas Zeit? Kein Problem!
Kauf oder leih dir von Bekannten einen Schlafsack und einen Biwaksack, eine Hängematte oder ein Zelt. Mach nun deinen (Draht-)Esel oder deine Beine flott. Such dir Radtaschen oder einen geeigneten Rucksack und los geht das Abenteuer! Oder willst du motorisiert losziehen? Mit einem Motorrad hast du alle Freiheiten, die man sich nur wünschen kann. Alternativ kann ein PKW, in dem du ausgestreckt liegen kannst, durch ein Plattformbett zu deinem mobilen Zuhause werden. Dafür benötigst du ein bis zwei Tage Arbeitzeit, Basiswerkzeug, Holz und ein paar handwerkliche Kniffe. Und schon kann der Roadtrip beginnen!

65–80 PUNKTE

Du verspürst große Reiselust und stellst schon etwas höhere Ansprüche ans Reisen? Kein Problem!
Kauf dir einen mittelgroßen (Kasten-)Wagen. Hast du das nötige Kleingeld, gibt es viele Modelle, die mit Koch-, Sitz- und Schlafgelegenheit sowie Stauraum auf die Bedürfnisse von Campern zugeschnitten wurden. Als Hobbybastler und mit einem Kopf voll kreativer Ideen kannst du das Gefährt auch selbst reisefertig machen. Andernfalls ist ein Faltcaravan vielleicht eine Option. Dich reizen abgelegene Plätze in der Natur? Dann fährst du mit einem Geländewagen (samt Dachzelt) gut!

AB 85 PUNKTE

Du verspürst große Reiselust, willst aber auf den täglichen Komfort nicht verzichten und bist vielleicht sogar mit der ganzen Familie unterwegs? Dafür bist du bereit, viel Zeit oder handwerkliche Motivation und Geld zu investieren? Kein Problem!
Kauf dir ein Wohnmobil oder einen Wohnwagen. Diese haben alles, was du für eine Reise brauchst: Küche, Bad mit WC, Stauraum und große Wassertanks. Oder du kaufst dir ein großes Fahrzeug wie beispielsweise einen alten (Schul-)Bus oder Unimog und baust dieses selbst um. Stattest es mit allem aus, was dein Herz begehrt! Natürlich gibt es solche Expeditionsmobile auch im Handel. Oder willst du neue Trends setzen? Dann ist ein E-Camper vielleicht auch einen Blick wert.

> Ist eine erste Idee entstanden, in welche Richtung das Campingabenteuer gehen könnte? Doch noch immer bleibt die Auswahl groß. Im nächsten Kapitel gehen wir ins Detail und stellen die verschiedenen Modelle vor.

DIE CAMPER-STECKBRIEFE

Im gesamten Buch wirst du Steckbriefe von Freunden entdecken. Sie alle lieben das Campen und sind auf unterschiedlichste Weise unterwegs in Europa und in der Welt. Vielleicht können sie dich inspirieren?

CAMPER-STECKBRIEF

TANJA & LENNY

Alter: 26
Instagram: @tanjab.illus
Website: breakawaytoday.net
Unterwegs seit: 2012
Ausgaben pro Monat: 850 €
Autoname: Elefriend
Marke: Volkswagen
Baujahr: 1989
Anschaffungskosten: 3 500 €
Seitdem reingesteckt: 4 500 €
Vorteile dieses Mobils: Kompakt und leicht selbst zu reparieren
Nachteile dieses Mobils: Reparaturanfällig, teuer im Unterhalt

Was hat euch zum Reisen motiviert?

Als wir 2012 unser Abitur gemacht haben, wollten wir uns eine zweijährige Auszeit nehmen, um zu reisen und anschließend zu studieren. Irgendwann haben wir diesen Plan fallen gelassen, weil uns das Reisen so sehr begeistert. Für die Zukunft könnten wir uns gut vorstellen, Ozeanien und Amerika zu erkunden. In unserer Freizeit wandern wir am liebsten in der Natur.

Wie finanziert ihr euch?

Wir verdienen unser Geld durch unseren Onlineshop, in dem wir Sticker und Booklets von Tanjas Illustrationen verkaufen (Anm. d. Red.: Von Tanja stammt auch die Titelillustration dieses Buchs.). Auf diese Art können wir unser Büro und unser Zuhause überallhin mitnehmen.

Wie lautet euer Motto?

Wenn wir die Lust verspüren, Neues zu entdecken, drehen wir einfach den Schlüssel um und fahren los. Der Rest ergibt sich meistens von selbst.

BFGoodrich
All-Terrain T/A

DAS CAMPINGMOBIL

»
Wer die Abenteuerlichkeit des Reisens
ins Blut bekommt, wird diese Abenteuerlichkeit
nicht wieder los.
«

Bruno H. Bürgel

DAS ERSTE DATE – WELCHES FAHRZEUG IST DAS RICHTIGE?

Die Auswahl an Campingvarianten ist groß. Von einer romantischen Übernachtung im Zelt über ein improvisiertes Campingmobil im Familienwagen bis hin zu komfortablen Wohnwagen oder Wohnmobilen und kreativem Geländewagen mit Plattformbett: Wer die Wahl hat, hat die Qual. Bei der Entscheidung für eine Campingart gibt es einige wesentliche Dinge zu beachten.

Während die Auswahl eines Zeltes noch relativ übersichtlich ist, ist der Kauf eines motorisierten Vehikels komplexer. Doch beginnen wir mit der vielleicht romantischsten und auch ursprünglichen Art des Campens.

ZELT UND BIWAK

Stichwort Romantik: Ein Biwak ist der Inbegriff ultimativer Freiheit. Übernachten im Freien, direkt unterm Sternenhimmel. Schläft man mit einem Schlafsack unter freiem Himmel, so nennt sich dieses Lager Biwak, verbreitet besonders unter Bergsteigern und beim Militär. Biwakieren kann man, wo man ist: im Freien, mit oder ohne wasserdichten Biwak-Schlafsack. Hängematten sind streng genommen kein Biwak mehr, aber eine tolle Alternative, um im Freien zu schlafen. Neben der klassischen Variante gibt es Luxushängematten mit eingebautem Moskitonetz, einer Isolierung und einer Regenplane als Wetterschutz. Mehr Platz und Komfort bietet das Campen in einem Zelt. Ob hippes Wurfzelt, Drei- oder Vier-Jahreszeiten-Zelt, Tipi, komfortables Familienzelt, stabiles geodätisches Zelt, Tunnel- oder Igluzelt – für jeden Typ ist etwas dabei. Und das ist auch gut so. Denn je nach Anforderung und Reisestil werden unterschiedliche Varianten benötigt: Eine Familie, die Urlaub auf einem Campingplatz macht, stellt andere Ansprüche als ein Soloreisender, der täglich das Zelt auf- und abbaut. In windigen und kalten Bergen benötigt man andere Zelte als an einem windstillen See im heißen Binnenland.

VORSICHT

Der Reiz, auch einmal außerhalb von Campingplätzen zu übernachten, ist groß? Je nach Schlafgelegenheit unterscheidet sich, ob man biwakt oder zeltet. Das hat nicht nur Auswirkungen auf den Komfort, sondern auch auf die rechtliche Lage beim Wildcampen.

FAZIT

Wer überall hinkommen möchte, nicht viel Komfort braucht und der Natur möglichst nahe sein will oder ein geringes Budget hat, der packe seinen Biwak-Schlafsack, eine Hängematte oder das Zelt ein und los geht die Tour! Zelten ist eine wunderbare Möglichkeit, als Campingeinsteiger den Duft der Ferne und des Abenteuers zu schnuppern.

WOHNWAGEN

Komfortabler wird das Campen in einem Wohnwagen. Größter Vorteil: Steht der Caravan auf dem Campingplatz, kann man mit dem Zugfahrzeug – dem Auto – Ausflüge unternehmen oder zum Einkaufen fahren. Ein weiterer Vorteil sind die im Vergleich zum Wohnmobil günstigeren Anschaffungskosten und der deutlich geringere Unterhalt. Am Campingplatz angekommen wird der Wohnwagen auf dem Platz ausgerichtet, vom Zugfahrzeug abgekoppelt und in Ruhe eingerichtet: Strom will angeschlossen, Wasser in die Tanks gefüllt werden, das Vorzelt wird aufgebaut oder die Markise ausgefahren.

Im Wohnwagen sind in der Regel Küche samt Kühlschrank, Herd und Spüle, Stau-, Wohn- und Schlafraum sowie eine Nasszelle mit WC und Dusche integriert. Heizung, elektrische Beleuchtung und fließendes Wasser fehlen ebenfalls nicht. Darüber hinaus kann man Wohnwagen – Caravan – mit Satellitenschüssel und Fernseher, Klimaanlage, Zweitbatterie und Rangierhilfe, sogenannten Movern, ausstatten. Ein Wohnwagen ist wie ein kleines Haus auf Rädern, das für Familien und Reisende, die gern lange an einem Ort verweilen, bestens geeignet ist.

Allerdings hat ein Wohnwagen auch Nachteile: Für den Aufbau eines Vorzeltes braucht es Übung, zudem erfordert das Fahren mit einem Caravan Vorsicht und Übung: Durch den Anhänger kann das Manövrieren zur Herausforderung werden, auch das Beladen des Wohnanhängers erfordert Fachkenntnis. Die Grundregel lautet: von schwer bis leicht. Schweres Gepäck sollte man immer unten im Wohnwagen in der Nähe der Achse verstauen; mittelschweres Gepäck gehört in die bodennahen Staukästen und das leichte Gepäck, wie z. B. Kleidung, kommt in die oberen Staufächer. Die Größe und Unhandlichkeit eines Gespannes kann auch beim Befahren von Landstraßen oder in Ortschaften

Ein Hingucker sind **Retro-Wohnwagen**, die Oldtimer unter den Caravans: der Teardrop-Caravan, ein Klassiker aus den USA der 30er-Jahre, die Eriba-Touring-Modelle oder der Airstream-Wohnwagen aus den USA. Ob alt oder auf alt gemacht, sie sind definitiv kultig und eine schöne Alternative.

AUFGEPASST!

Die Höchstgeschwindigkeit für das Fahren mit einem Caravan unterscheidet sich von Land zu Land. Wichtig ist, sich im Vorfeld zu informieren, welche Bedingungen erfüllt werden müssen, um eine 100er-Zulassung zu erhalten.

schwierig werden, spätestens in den schmalen Gässchen einer Altstadt wird es eng. Für waghalsige Erkundungsfahrten eignet sich ein Caravan also nicht.

Aufgrund der Länge sollte man als Fahrer geübt sein und Distanzen gut abschätzen können. Außerdem benötigt man bei einer Gesamtmasse von über 3,5 t oder einem Anhängergewicht von über 750 kg natürlich den passenden Führerschein BE oder B96.

Beim Kauf muss man immer auf die Anhängelast achten, denn nicht jedes Auto darf beliebig große Wohnwagen ziehen. Informationen über die zulässige Anhängelast stehen im Fahrzeugschein. Noch ein wichtiger Punkt: Ein Wohnwagen sollte während der Wintermonate geschützt stehen. Stellplätze sind rar und sollten rechtzeitig organisiert werden.

FAZIT

Der Lieblingscampingplatz steht fest und der Urlaub soll nur dort verbracht werden? Währenddessen wird das Auto für Erkundungsfahrten in die Umgebung, zum Einkaufen und für Tagesausflüge genutzt? Fühlt man sich als Fahrer sicher und der Herausforderung gewachsen, ein langes Gespann zu steuern, dann nichts wie los: Ein Wohnwagen ist das perfekte Campingfahrzeug!

Ein Wohnwagen bietet maximale Flexibilität, wenn man an einem Ort bleibt

FALTCARAVAN

Wem ein Wohnwagen zu groß ist, dem könnte eine Mischung aus Zelt und Wohnwagen gefallen: Ein Faltcaravan, auch als Zeltanhänger oder Klappcaravan bekannt, ist ein kompakter niedriger Anhänger, der sich in einen geräumigen Wohnraum verwandeln lässt.

Am Zielort eröffnet der Caravan sein ganzes Potenzial: Man fährt die Stützen aus und klappt den Anhänger auf. Und voilà, schon entfaltet sich das Urlaubsdomizil. Rechts und links neben dem Anhänger schweben nun beispielsweise zwei großzügige Betten, und in der Mitte bietet eine große Wohnfläche Platz zum Wohnen und Kochen. Der stabile Unterbau ist auch für unebenes Gelände geeignet.

Der Anhänger ist hoch genug, um darin zu stehen, ein Mückennetz schützt vor unliebsamen Besuchern. Der Wohnraum ist großzügig bemessen und wenn man sein Auto abkoppelt, bleibt man mobil.

Die Nachteile sind mit denen eines Zeltes vergleichbar. Beim Ortswechsel muss die Konstruktion auf- und abgebaut werden. Je nach Übung kann dies dauern. Die Isolierung ist nicht mit der eines Wohnwagens zu vergleichen. Bei Wind flattern die Wände aus (Kunst-)Stoff, bei Sonne steigen die Temperaturen im Inneren. Zudem bietet ein Faltcaravan während der Fahrt kaum Stauraum, was bedeutet, dass sämtliche Kleidung und Utensilien im Auto untergebracht werden. Ebenso wie beim Fahren mit einem Wohnwagen muss das Manövrieren mit dem Anhänger geübt werden und man sollte sich mit langsameren Geschwindigkeiten bis maximal 100 km/h begnügen. Auch hier sollte man sich rechtzeitg über einen Winterstellplatz kümmern.

WICHTIG

Baut man einen Faltcaravan bei Regen ab, solltet er spätestens nach zwei Tagen zum Trocknen wieder aufgebaut werden, um Schimmelbildung zu vermeiden. Das gilt ebenso für Dachzelte und Zelte allgemein.

FAZIT

Der Faltcaravan eignet sich für Camper mit einem kleineren Geldbeutel, die mehr Komfort und Platz wollen, als ein Zelt bieten kann, und die lange auf einem Campingplatz bleiben wollen.

CAMPINGMOBILE - EIN ÜBERBLICK

Wir können es nicht leugnen: Reisen mit dem eigenen Gefährt kann anstrengend sein. Nichts läuft wie geplant, bei den hohen Belastungen geht schnell mal etwas kaputt. Uns ist noch kein Langzeitcamper begegnet, der nicht ständig an seinem Gefährt bastelt. Und dies nicht, um es zu verbessern, sondern um es zu warten und instand zu halten. Doch all das nehmen wir gern in Kauf, um die Freiheit zu haben, dort zu sein, wo es uns gefällt. Wir lieben es, an neuen Orten aufzuwachen, direkt am Strand parken zu können. Entlegene Winkel zu entdecken und morgens die Ersten im Wasser zu sein. Wir können spontan agieren, die schönsten Plätze sehen. Und unser Leben genießen. Wenn es uns an einem Ort nicht mehr gefällt, dann ziehen wir weiter. Wir können an einem schönen Platz mit toller Aussicht unser Lager aufschlagen und den Abend mit einem Lagerfeuer ausklingen lassen. Umgeben nur von den Geräuschen der Natur und der Tiere.

»

Das ist das Angenehme am Reisen, dass auch das Gewöhnliche durch Neuheit und Überraschung das Ansehen eines Abenteuers gewinnt.

«

Johann Wolfgang von Goethe

Und dieses Abenteuer wird durch das passende Mobil erst ermöglicht. Machen wir uns nichts vor: Je nach Transportmittel unterscheidet sich das Reisen gravierend! Daher will die Wahl gut überlegt sein.

Bei der Entscheidung für eine Campingart gibt es einige wesentliche Dinge zu beachten. Ist das Angebot beim Kauf eines Biwaks oder Zelts überschaubar, so gilt es bei der Entscheidung für ein Campingmobil oder einen Wohnwagen vieles zu beachten. Abhängig vom Baujahr, der Ausstattung – von einfach bis hin zu luxuriös – und der Motorisierung können sich selbst die Autos einer Marke und eines Modells erheblich in Qualität und Zuverlässigkeit unterscheiden.

Als wir in Australien unterwegs waren, haben wir uns immer gefreut, wenn Menschen unser Auto sahen und anerkennend nickten. Bei einer der vielen Reparaturen an unserem Landcruiser, den wir „Big Blue“ getauft hatten, kam eine Frau vorbei und sagte: „Toyotas never die“ – und sie behielt recht. Bis zum Ende unserer Reise durch Australien war „Big Blue“ ein treuer Begleiter und fährt bestimmt noch immer durch Down Unders Gefilde.

TOP 3-KRITERIEN OFFROADER

1. Allradantrieb
2. Hohe Unterbodenfreiheit
3. Großer Tank für hohe Reichweite

Wir können im Vorfeld nur raten, zuverlässige Modelle zu recherchieren – sonst steht man später häufiger in der Werkstatt als auf einem Parkplatz oder Campingplatz.

Sucht man Weite und Natur, ist ein Reisemobil mit Allradantrieb eine sehr gute Wahl. Wie schnell können sich Schotterstraßen nach Unwettern oder während der Regenzeit in einen Fluss verwandeln, die Straßen matschig und unwegsam werden. In diesen Momenten kommt man mit einem Allradantrieb einfach weiter.

Hohe Unterbodenfreiheit ist ebenfalls ein Muss, wenn man sich abseits von Teerstraßen bewegen möchte. Problematisch ist das Befahren von Schotterpisten, für die nur wenige Wohnmobile ausgelegt sind. Auch das Innere des Mobils muss auf eine Offroad-Strecke vorbereitet werden: Denn was nicht niet- und nagelfest verstaut ist, wird im Auto herumgeschleudert.

Ein großer Tank bzw. eine hohe Reichweite sind ebenfalls vorteilhaft, denn so kann man lange in abgelegenen Gebieten unterwegs sein, ohne eine Tankstelle ansteuern zu müssen. Ein geringer Spritverbrauch dient jedoch nicht nur der Reichweite, sondern auch der Umwelt. Soweit die Tipps für Offroad-Fans.

PKW

Kommen wir nun zu konkreten Beispielen. Die einfachste Möglichkeit, mit dem eigenen Fahrzeug zu campen, ist ein PKW. Kombis und Familienwagen sind besonders als Reisemobile geeignet, da sie ausreichend Platz im Innenraum bieten. Einfach die Rückbank umklappen oder ausbauen und eine Matratze auf die so entstandene Fläche legen.

Ein PKW wird mit einer Matratze im Kofferraum schnell zum Campingmobil

Verfügt das Fahrzeug über genügend Höhe, kann man einen einfachen Unterbau aus Holz für die Matratze bauen. Darunter entsteht jede Menge Stauraum, den man mit Kisten füllen kann. Fehlen nur noch Gardinen, schnell gespannt mit Schnüren und alten Bettlaken.

Ein PKW ist komfortabler als ein Zelt, da man sein Schlafzimmer auf Rädern immer dabei hat, das vor Wind und Wetter schützt. Einem spontanen Städtetrip steht also nichts im Wege. Natürlich gibt es auch Nachteile: In einem PKW kann man nicht stehen, sondern bestenfalls sitzen. Wie auch beim Zelten muss man sich Gedanken über Kochmöglichkeiten machen. Das Leben findet vor allem draußen statt und wird damit zum täglichen Abenteuer. Gerade bei kaltem und nassem Wetter kann der Urlaub schnell wortwörtlich ins Wasser fallen.

FAZIT

Wer eine günstige und schnelle Option für einen Sommerurlaub bei warmem Wetter sucht, flexibel und oft mit dem Auto unterwegs sein möchte, darüber hinaus gern Küche und Wohnzimmer in die Natur verlegt und keine allzu großen Ansprüche an Komfort und Platz stellt, der fährt mit dem PKW gut. Diese Art zu reisen ist vor allem für Campingeinsteiger eine perfekte Möglichkeit, Abenteuerluft zu schnuppern.

GELÄNDEWAGEN MIT DACHZELT

Die Luxusvariante für Camper, die mit einem PKW offroad reisen möchten, ist ein Geländewagen. Ausgestattet mit einem Allradantrieb, hoher Unterbodenfreiheit und robust in der Auslegung kann man auch in unwegsamem Gelände unterwegs sein. Klassische Geländewagen sind beispielsweise der Toyota Landcruiser, der Nissan Patrol und der Landrover Defender.
Ebenso wie beim PKW kann man sich ein Plattformbett bauen oder man installiert auf dem Dach des Wagens ein praktisches Dachzelt und kann so den Fahrgastraum für andere Dinge nutzen. Morgens klappt man das Zelt zusammen und baut es am neuen Standort schnell wieder auf. Mit einer Leiter steigt man ins Innere. Eines ist klar: Dies ist die exotische Variante des Zelts. Die Vorteile liegen auf der Hand: Ein Dachzelt kann auf fast jedem Auto montiert werden, sofern man einen Dachträger besitzt. Benutzt man es nicht, wird es platzsparend verwahrt.

FAZIT

Ein Geländewagen mit Dachzelt eignet sich für all jene, die beim Zelten hoch hinaus wollen, und bietet je nach Zeltgröße auch Familien genug Platz. Diese Kombination ist das Nonplusultra für echte Allrad-Abenteurer, die abseits von geteerten Straßen mit dem Geländewagen unterwegs sein wollen. Kein Allradwohnmobil und kein Pick-up ist aufgrund der Ausmaße und des höheren Schwerpunktes so geländetauglich wie ein Geländewagen mit Dachzelt.

KASTENWAGEN

Ein Kastenwagen ist ein geräumiges Transport- oder Nutzfahrzeug. Beispiele hierfür sind der VW Transporter, der Fiat Ducato oder der Mercedes Sprinter. Sie werden in unterschiedlichen Größen, Ausstattungen (mit Küche, Nasszelle) und Antriebsarten (Vorder-, Heck- oder Allrad) angeboten. Zudem gibt es die Fahrzeuge in unterschiedlichen Höhen und Aufbauten (Hoch- oder Hubdach).
In der Camperszene symbolisieren sie den Traum vom (schlichten) Camperleben und erfreuen sich gerade in Europa wachsender Beliebtheit. Denn Kastenwagen bieten alles, was man zum Campen braucht. Wie auch Wohnmobile sind Kastenwa-

Ein Geländewagen mit Dachzelt ermöglicht ultimative Offroad-Trips

gen mit einer Küche samt Kühlschrank oder -box, Spüle, Herd (und Ofen) ausgestattet. Sie bieten Schlaf-, Sitz- und Essgelegenheiten, verfügen über Stauraum und, je nach Ausstattung, auch über eine Nasszelle mit Dusche und WC.

Darüber hinaus verfügen sie über einen großen Frisch- und Abwassertank, Elektrizität und eine Zweitbatterie, eventuell über eine Gasanlage, Solarzellen und eine Heizung. Ausgestattet sind sie mitunter mit TV, Satellit und Klimaanlage. Manche Umbauten nutzen die Höhe und wandeln einen Teil des Innenraums in einen Laderaum, sodass Platz für Sportequipment vorhanden ist. Kastenwagen gibt es in vielen Variationen, wer Zeit hat, wird das passende Modell für sich finden.

Wer ein Hobbybastler ist und sein mobiles Zuhause selbst gestalten möchte, für den sind diese Fahrzeuge bestens geeignet. Nachteile gibt es auch bei Kastenwagen: Aufgrund ihrer Größe ist der Stauraum begrenzt und die Stehhöhe je nach Modell eingeschränkt. Bei kleineren Campervans muss man auf eine Nasszelle und Wohnkomfort verzichten. Abhilfe schaffen Solarduschen und tragbare Campingtoiletten. Der Innenraum wird multifunktonal genutzt und oft

Gerade kleine **Campervans**, auch **Campingbusse** oder **Bullis** genannt, sind wendig und sehr alltagstauglich. Ihre Ausstattung ist auf das Wesentliche reduziert, und allein ihr Anblick weckt die Reiselust.

wird mehrmals täglich umgebaut, um Dinge aus dem Stauraum zu nehmen. (Wasser-)Vorräte kann man nur begrenzt mitnehmen, die Innenküche gleicht einer Kochnische für One-Pot-Gerichte. Bei Kastenwagen, die man selbst ausbauen will, fehlt häufig eine gute Isolierung oder eine Standheizung. Daher eignen sie sich eher für eine Reise gen Süden. Aber keine Sorge, beides kann man für Aufenthalte in kälteren Gefilden nachrüsten (lassen).

FAZIT

Kastenwagen gibt es in so ziemlich jeder Form, Höhe, Preisklasse und Ausstattung. Daher sind sie für jedermann geeignet: vom Selbstbastler über den Minimalisten bis zum Glamper wird jeder fündig. Egal ob allein, zu zweit oder als (junge) Familie – sie sind als Traummobil für das Camperleben ideal. Sie sind wendig und gut für Städtetrips. Je nach Modell kann man sie auch im Alltag nutzen.

Das besondere Extra: Hubdach und Hochdach für den Kastenwagen

Gerade niedrige Kastenwagen verfügen teilweise über ein aus- und einklappbares Hubdach. Darunter versteht man einen Dachaufbau aus mit Glasfaser verstärktem Kunststoff (GfK) und einem wasserdichten (Kunst-)Stoff, wodurch eine Steh-

Wohnmobilstellplätze und Campingplätze liegen landschaftlich oft sehr schön

höhe im Innenraum geschaffen wird. Fast immer lässt sich dort auch eine Schlafmöglichkeit für zwei Personen einbauen. Je nach Hersteller kann man das Hubdach mit einer Dachbox und einer Solardusche (diese hat beim aufgestellten Dach eine Neigung) belasten.
Ein Hochdach ist die statische Variante eines Hubdaches. Allerdings ist ein Hochdach weniger aerodynamisch, damit ist der Spritverbrauch natürlich höher. Und es bleibt einem so manche Einfahrt verwehrt. Dafür ist ein Hochdach stärker belastbar, flattert nicht im Wind und isoliert besser. Hat das Mobil noch kein Hub- oder Hochdach, so kann man es von einem Fachmann nachrüsten lassen.

FAZIT

Ein Hub- oder Hochdach wertet das Innere eines Kastenwagens deutlich auf und bietet Platz für mehr Reisende. Denn man gewinnt Raum, Schlafmöglichkeiten und Stehhöhe. Allerdings hat dieser Zuwachs an Komfort seinen Preis.

WOHNMOBILE

Wohnmobile sind die Luxusvariante beim Campen und bieten jeglichen Komfort: Angefangen bei einer guten Isolierung, einem großen Frischwassertank samt Grauwassertank, Gas- und/oder Stromversorgung, Kühl- und Gefrierschränken über beheizte Innendusche in der Nasszelle, Fernseher, Herd, Backofen, Klimaanlage, Heizung, Satellitenschüssel, Solaranlagen etc.
Grob unterscheiden man vier Typen von Wohnmobilen:

BASISFAHRZEUGE

Basisfahrzeug für die meisten Wohnmobile ist ein Fiat Ducato, aber auch der baugleiche Citroën Jumper sowie der Mercedes Sprinter und der Ford Transit sind solide und weit verbreitete Basisfahrzeuge.

Teilintegrierte Wohnmobile

Das Fahrerhaus des Basismobils ist zum Teil in den Wohnbereich integriert. Die Fahrersitze lassen sich drehen, sodass man direkt am dahinterliegenden Tisch sitzt. Vorteile dieser Fahrzeuge sind der niedrige Schwerpunkt, eine geringere Höhe und damit einhergehend ein sparsamerer Spritverbrauch als bei den folgenden Versionen. Je nach Modell lässt sich ein Hubbett über den Fahrersitzen herunterklappen, die dann nur eingeschränkt nutzbar sind. Weitere Schlafgelegenheiten bietet das Festbett im Heck.

(Voll)Integrierte Wohnmobile

Hier ist das Fahrerhaus Teil des Wohnbereiches, die große Frontscheibe lässt viel Licht ins Innere. Zudem ist die Fahrerkabine gut isoliert, ein Hubbett kann über den Fahrersitzen heruntergelassen werden. Charakteristisch ist die flache Front des Mobils ohne Knautschzone sowie ein sehr geräumiges und auf Komfort ausgelegtes Inneres. Nachteilig wirkt sich das teils hohe Gesamtgewicht von über 3,5 t aus, weshalb man je nach Alter einen LKW-Führerschein benötigt.

Wohnmobile mit Alkoven

Wohnmobile mit einem Alkoven über der Fahrerkabine sind die Klassiker für Familien. Denn der Alkoven bietet Platz für ein Doppelbett. Schlafen die Kinder dort, lässt sich der Rest des Mobils auch abends nutzen. Der Innenraum mit großer Küche, warmem Wasser und einer Nasszelle ist recht großzügig, der Spritverbrauch durch den Alkoven leider auch.

Liner

Diese Wohnmobile haben schon fast busähnliche Ausmaße und bilden die absolute Luxusklasse unter den Wohnmobilen. Sie verfügen teilweise über ausfahrbare Erker (engl. Slide-Outs), je nach Budget über eine PKW-Garage und einen sehr großzügig bemessenen Innen- und Stauraum. Dieser hohe Komfort hat allerdings seinen Preis und schlägt sich auch im hohen Gewicht und Verbrauch wider.

Campervans benötigen nicht viel Platz, sind wendig und eignen sich für lange Touren

Vorteil eines Wohnmobils ist der direkte Durchgang vom Fahrerhaus in den Innenraum. So können weitere Mitreisende die Sitze am Tisch während der Fahrt nutzen, da diese mit Anschnallgurten versehen sind. Frisch- und Abwassertank sind im Fahrzeug integriert, auch ohne externen Stromanschluss wird das Wohnmobil eine Zeitlang durch Generator, Solaranlage und eine Zweitbatterie mit 12 Volt Strom versorgt. Sie sind je nach Länge relativ leicht zu fahren und unterliegen bis 3,5 t keinem Geschwindigkeitslimit.

Gerade für Familien oder Best Ager bieten sich bequeme und mit allem Komfort ausgestattete Wohnmobile an. Wählt man für seinen Urlaub einen Campingplatz mit Strom- und Wasseranschluss, stehen endlose Ressourcen zur Verfügung.

Nicht geeignet sind Wohnmobile für Abenteuer abseits geteerter Straßen. Dagegen sprechen die kleinen Reifen, die vergleichsweise geringe Unterbodenfreiheit sowie die Länge und Höhe. Ein weiterer Nachteile sind die hohen Kosten, denn Anschaffung, Steuern, Versicherung und der Unterhalt sind teuer.

TIPP

Fahrräder oder ein kleiner Roller erleichtern die täglichen Besorgungen und ermöglichen Erkundungen.

FAZIT

Wer nicht auf Komfort verzichten möchte, gern mit mehreren Personen unterwegs ist und sein Mobil häufig nutzen möchte, der fährt mit dem Wohnmobil genau richtig. Denn es bietet eine gute Mischung hinsichtlich Komfort, Flexibilität und autarkem Campen.

PICK-UP-CAMPER

Bei Pick-up-Campern wird eine Wohnkabine ähnlich einem Wohnwagen auf die Ladefläche eines Pick-ups oder Pritschenwagens gesetzt. Am Reiseziel angekommen wird der Camper mithilfe von Standbeinen vom Auto gelöst. Es gibt zwei Modelle:

Statische Pick-up-Camper haben feste Seitenwände und bieten einen großzügigen Innenraum samt Stauraum. Sie sind gut isoliert, verfügen über einen großen Wassertank, einen Kühlschrank und viele Extras.

Hubdachcamper (englisch: Pop-up-Camper) sind kleiner, leichter und geländetauglicher, weil Gewicht und Schwerpunkt niedrig sind. Kurbelt man das Dach herunter, liegt es knapp über dem Fahrerhaus. Je nach Modell lassen sich die Wohnkabinen mit der Ladefläche des Pick-ups verschrauben. Gerade für Geländestrecken mit Allrad ist dieser Camper sehr praktisch.

FAZIT

Pick-up-Camper eignen sich für alle, die den Komfort eines Wohnwagens oder Wohnmobils wollen, dies aber auf begrenzterem Platz. Pick-up-Camper mit Hubdach erinnern ans Zelten. Statische Pick-up-Camper können vom Komfort und Aufbau mit Wohnmobilen und Wohnwagen verglichen werden. Sie sind relativ wendig, haben alles, was man benötigt, und sind geländetauglich, wenn man sie mit einem Allradfahrzeug kombiniert.

EXPEDITIONSMOBILE

Die Königsklasse der Fernreisemobile sind mit Allrad ausgestattete Expeditionsmobile. Sie zeichnen sich durch ein großes Platzangebot, eine hohe Reichweite und Geländetauglichkeit aus.
Alltagstauglich sind diese Exoten nicht: Größe, Gewicht und Handling erfordern Erfahrung, die Kosten für Anschaffung und Unterhalt sind hoch. Meist handelt es sich um Sonderanfertigungen; oft haben Liebhaber sich ihr Mobil selbst (um)gebaut. Für das Führen von Expeditionsmobilen benötigt man unter Umständen ab 3,5 t einen LKW-Führerschein.

FAZIT

Will man komfortabel um die Welt fahren, bieten sich Expeditionsmobile vor allem für Fernreisen in offene Gebiete wie die Mongolei, Südamerika oder Afrika an. Für den normalen Campingurlaub sind sie eher weniger geeignet.

Um herauszufinden, welches Modell optimal zur Lebenssituation und zur Art des Reisens passt, sollte man es mieten und während eines Urlaubs testen, ob es das richtige ist.

CAMPER-STECKBRIEF

MICHÈLE & MELANIE

Alter: 26 und 34
Instagram: @crumbtrail_
Unterwegs seit: Mai 2018
Ausgaben pro Monat: 1 000 $
Marke: Kona Touringbike
Anschaffungskosten: 1 600 $
Seitdem reingesteckt: 20 $ für 2 platte Reifen, 150 $ für ein Check-up, 500 $ Ausrüstung
Vorteile dieses Mobils: Langsames Reisen und viel Kontakt mit Einheimischen
Nachteile dieses Mobils: Ein kurzer Abstecher von 100 km bedeutet eine ganze Tagestour

Was hat euch zum Reisen motiviert?

Eine „normale" Reise mit dem Rucksack kam für uns nicht infrage. Für die außergewöhnliche Reise mit dem Fahrrad haben wir uns entschieden, weil wir in Portugal ein Festival besuchen wollten. Da haben wir uns gedacht, dass dies der Anfang unserer Reise sein soll und wir auf zwei Rädern die ganze Welt entdecken wollen.

Welches ist euer Lieblingsland und warum?

In Mexiko haben wir acht Monate verbracht, und dies ist wahrscheinlich auch der Grund, wieso es zu unseren absoluten Lieblingsländern gehört. In dieser Zeit lernten wir das „wahre Mexiko" kennen, trafen so viele herzliche Menschen und hatten einfach eine unvergessliche Zeit.

Wie lange oder oft reist ihr?

Wir reisen seit Mai 2018, zunächst acht Monate mit unseren Rädern, im Dezember kauften wir uns einen Van in Mexiko. Wie lang wir noch unterwegs sein werden, wissen wir nicht.

Wie lautet euer Motto?

Heimat ist ein Gefühl und kein Ort! Auf unserer Reise wurde uns das schon oft bewiesen.

KEIN BUCH MIT SIEBEN SIEGELN – DER KAUF EINES MOBILS

Lange wurde recherchiert und abgewogen, verglichen und überlegt. Nun steht es fest: DIES ist das Traumgefährt, das Traumzelt. Jetzt heißt es, den Markt zu sondieren, Vor- und Nachteile abzuwägen und die richtige Kaufentscheidung zu treffen. Ist der Kauf eines Zeltes noch recht überschaubar, so ist besonders beim Erwerb von gebrauchten (Wohn-)Mobilen Vorsicht geboten. Wir haben ein paar Tipps.

ZELTKAUF

Bei der Frage nach dem passenden Zelt kommt es immer auf die Gruppengröße, das Zielland und den Reisestil an. Dennoch gibt es ein paar Empfehlungen hinsichtlich des Kaufs, die übergreifend gelten.

KAUFKRITERIEN ZELTKAUF

- [ ] verschließbares Moskitonetz im Innenzelt
- [ ] guter Windschutz: Die Sturmleinen sollten im unteren Drittel des Zeltes sein, die mit dem Gestänge verbunden werden
- [ ] Regenschutz: Ein robuster Zeltboden mit hohen Seitenwänden schützt vor Pfützen
- [ ] hohe Wassersäule
- [ ] ausreichend Platz und großer Vorraum (Apsis/Apsiden), in dem das Gepäck lagern und man bei schlechtem Wetter kochen kann
- [ ] Lüftung: Ideal sind zwei gegenüberliegende Eingänge, die sich von innen verschließen lassen
- [ ] geringes Gewicht, Zeltgestänge aus Aluminium (bruchsicherer) oder Carbon (leichter)
- [ ] einfacher und schneller Auf- und Abbau

Neben guten Materialien sollte man vor allem auf eine ausreichend hohe Wassersäule achten. Die Wassersäule ist eine Maßeinheit, die die Dichte von Geweben in mm angibt. Als Richtwert für Zelte gelten mindestens 1 500 mm fürs Zelt und mindestens 2 000 mm für den Boden. Hochwertige Zelte haben eine Wassersäule von 3 000 mm, der Boden sollte eine Wassersäule von 5 000 mm haben. Zusätzlich empfiehlt es sich, eine Plane unter das Zelt zu legen, weil dadurch der Boden vor spitzen Steinen geschützt wird.
Wer die Wahl hat, sollte das Zelt immer eine Nummer größer wählen. Denn sonst kann es kuschelig werden. Gerade beim Zelten möchte man den Kontakt mit der atmungsaktiven Innen- und der wasserdichten Außenwand aus Nylon oder Polyester vermeiden. Sonst tröpfelt das Kondenswasser direkt in den Schlafraum. Ein weiterer Vorteil: Das Gepäck kann im Innenraum verstaut werden.

AUTOKAUF

Beim Autokauf spielen verschiedene Aspekte eine wichtige Rolle.

Vom Privatanbieter oder beim Händler kaufen?

Das Angebot an gebrauchten Wohnmobilen und Wohnwagen von Privatanbietern ist umfangreicher als das von Händlern. Vorteil für den Kauf über einen Händler: Er ist zu einer sogenannten Sachmängelhaftung verpflichtet, die sich über zwölf Monate erstreckt, und bietet dadurch eine gewisse Sicherheit. Zudem muss der Händler innerhalb der ersten sechs Monate ab Kauf bei auftretenden Mängeln nachweisen, dass diese vor dem Kauf noch nicht bestanden. Man kann sich denken, dass das praktisch kaum möglich ist. Genannt wird dieser Kundenschutz übrigens Beweislastumkehr. Bei Privatkäufen hat der Verkäufer das Recht, eine Sachmängelhaftung im Kaufvertrag auszuschließen.

Neu oder gebraucht?

Ein Neuwagen hat keine Altlasten und zusätzlich eine Garantie. Doch ist in neuen Mobilen viel Technik verbaut, was je nach Reiseland problematisch werden kann. Denn nicht überall kann moderne Technik repariert werden.

Wann sollte man kaufen?

Besonders gut ist es, antizyklisch zu kaufen. Viele Mobile werden im Herbst nach der Saison verkauft. Steht eine Unterstellmöglichkeit für das Auto zur Verfügung und soll es womöglich im Winter umgebaut werden, dann ist der Herbst die richtige Jahreszeit, um loszuziehen und ein Mobil zu kaufen. Wichtig ist ein gültiger TÜV.

Wie bereitet man sich vor?

Im Vorfeld sollte man sich über typische Mängel des Modells informieren und das Mobil vor dem Kauf genau kontollieren.

(Professionelle) Hilfe

Am besten ist es natürlich, wenn man einen Mechaniker mitnimmt oder den Wagen in einer Werkstatt prüfen lässt. Ansonsten lohnt es sich, eine Checkliste zu erstellen, denn schnell vergisst man, wichtige Details zu prüfen.

Erster Eindruck vom Verkäufer

Gut ist es ebenfalls, seiner Menschenkenntnis zu vertrauen und auf das Bauchgefühl zu hören. Oft entwickelt sich bereits im Vorfeld während des ersten Telefonats ein Gefühl.

TIPP

Vier Augen sehen mehr als zwei: Falls möglich nimmt man eine weitere Person mit. Ihr fallen sicher Dinge auf, die einem entgehen.

Fragt der Verkäufer beispielsweise, für welches Auto man sich interessiert, handelt er eher mit Autos als mit Campingfahrzeugen. An dieser Stelle ist Vorsicht geboten! Ebenfalls aufmerksam werden sollte man, wenn er den Wagen für jemand anderen verkauft. Dies ist für Händler eine Möglichkeit, die Sachmängelhaftung zu umgehen. Schlägt man vor, das Auto zu einer Prüfstelle zu bringen, doch der Verkäufer will den Wagen nicht vom Experten untersuchen lassen? Dann sollte man besonders kritisch sein!

Vor Ort gibt es weitere Signale, die das rote Lämpchen blinken lassen: Gibt der Verkäufer einem nicht die Gelegenheit, in Ruhe das Fahrzeug zu begutachten? Hier kann ein Freund helfen, der sich um den Verkäufer kümmert, während man sich in Ruhe das Auto ansieht.

Werden konkrete Fragen allgemein beantwortet? Dann ist Vorsicht geboten. Dies gilt vor allem hinsichtlich bisheriger Unfälle!

Scheint der Verkäufer nervös zu sein? Oder unehrlich? Ist er komplett unsympathisch? Dann sollte man sich gut überlegen, ob man von ihm ein Auto kaufen möchte.

Gab es in letzter Zeit vermehrt Reparaturen? Dann wurde dem Verkäufer das Auto ggf. zu teuer. Und es könnten weitere Reparaturen folgen.

Wichtig ist, sich niemals unter Druck setzen zu lassen und sich dazu gedrängt fühlen, schnell den Kaufvertrag zu unterschreiben, da angeblich noch andere Interessenten warten.

TIPP

Alle Vereinbarungen sollten schriftlich festgehalten werden.

Papiere genau anschauen

Ist der Wagen auf den Verkäufer zugelassen oder ist er abgemeldet? Wie viele Vorbesitzer hatte der Wagen? Waren es mehr als zwei? Dann stellt sich die Frage, warum. Sind alle Unterlagen der letzten Werkstattbesuche vorhanden? Ist das Inspektions-Scheckheft lückenlos gepflegt? Wenn nicht, dann wurde das Mobil vielleicht nicht regelmäßig gewartet. Fehlt das Protokoll der letzten HU (Hauptuntersuchung)? Darin steht, welche Mängel noch behoben werden müssen. Und welche es überhaupt gibt. Ist der TÜV bald fällig? Der sollte vom Verkäufer vor dem Verkauf gemacht werden.

Der Kauf eines Campingmobils muss gut vorbereitet werden

Jetzt geht's ans Eingemachte

Wenn möglich, sollte man sich nun das Mobil genauer anschauen, im Idealfall bei hellem Tageslicht und trockenem Wetter.

Ist das Auto sauber? Gut, sonst übersieht man eventuell leichte Schäden an der Karosserie. Sind Rückstände von Lackspray zu sehen? Aufgepasst! Dann wurde das Mobil im Vorfeld vielleicht verschönert, um Mängel zu verdecken. Hat das Auto auffällige Unfallspuren oder Kratzer? Ist eine neue Schicht Unterbodenschutz aufgetragen worden? Darunter könnte sich Übles verbergen! Wurde das Mobil tiefer gelegt oder mit einem Spoiler versehen? Dann wurde der Wagen sicher auch dementsprechend gefahren. Wurden die Änderungen im Fahrzeugschein eingetragen? Hat das Fahrzeug an den Seiten oder der Haube Wellen, verschiedene Farbnuancen oder ist matt? Dies kann auf einen Unfall hindeuten. Sind Roststellen zu sehen? Sind die Reifen ungleichmäßig abgefahren oder das Profil bereits unter 2,5 mm? Dies kann am Fahrgestell liegen. Sind im Sommer Winterreifen montiert? Sind die Felgen verformt? Dahinter kann auf eine falsche Radaufhängung stecken. Sind die Spalten der Türen und Motorhaube nicht gleichmäßig? Das kann auf einen Unfallschaden hindeuten. Haben die Lichter Sprünge oder Risse in der Abdeckung, sind beschlagen oder verrostet? Ersatz kann teuer sein. Haben die Bremsscheiben Riefen oder sind verrostet? Dann sind die Bremssättel womöglich schwergängig und eine Reparatur kann ins Geld gehen.

Der Blick unter die Motorhaube
Auch hier sollte man auf die gleichen Signale wie außen am Auto achten: Glänzt und blinkt alles und ist Lack zu sehen? Dann wurde das Auto aufgehübscht. Um Mängel zu vertuschen? Gibt es Korrosion? Vor allem seitlich beim Übergang zu den Kotflügeln kann das teuer werden.
Stimmt der Kilometerstand des Ölwechsel-Anhängers mit dem auf dem Tacho überein? Stimmen Öl- und Kühlwasserstand? Ansonsten kann dies ein Hinweis auf ein Leck sein. Sind Lecks erkennbar? Sind die Gummimanschetten von Antriebswelle und/oder Lenkung rissig?
Wie hört sich der Motor an? Sind ungewöhnliche Geräusche zu hören? Hier bietet sich wieder ein Freund als Helfer an.

Innere Karosserie und Kofferraum
Wenn Feuchtigkeit im Auto ist, riecht es muffig, sobald man die Tür öffnet. Sind darüber hinaus feuchte Stellen oder gar Rost zu sehen? Ist der Fahrersitz über die Maßen strapaziert? Unbedingt sollte man auch eventuelle Schonbezüge abnehmen. Sind die Sicherheitsgurte in Ordnung und rollen sich gut auf?

Die Unterseite des Mobils
Bestenfalls fährt man das Mobil auf eine Hebebühne, sonst sieht man natürlich nicht alles. Sind am Motor und Getriebe oder auf dem Boden Öltropfen zu sehen? Gibt es Reparaturspuren am Unterboden oder an den Radkästen? Ist Rost an der Unterseite der Heckklappe und den Türen zu erkennen?

Wichtig: Die Probefahrt

Während der Probefahrt sollte man sich auf sein Bauchgefühl verlassen und bestenfalls außerorts auf möglichst leeren Straßen fahren. Sind Abweichungen vom normalen Fahrverhalten zu spüren?

Springt der Motor direkt an? Läuft er rund? Vorsicht: Ist der Motor schon bei der Ankunft warm, solltet man aufpassen. Lässt sich das Getriebe leicht und lautlos schalten? Am besten öffnet man das Fenster: Klingen Motor, Getriebe und Auspuff normal?

Funktionieren die Bremsen (bestenfalls auf einer Schotterstraße testen), Scheibenwischer, Lichter, Türen, Fensterheber und alle Anzeigen? Knackt das Auto, wenn man das Lenkrad bei langsamer Fahrt (!) voll einschlägt? Reagiert das Auto direkt, wenn man das Lenkrad einschlägt? Vibriert das Fahrzeug ab ca. 80 km/h? Fährt das Mobil bei einer geraden ebenen Spur geradeaus oder zieht es in eine Richtung? Bremst das Fahrzeug gerade und ohne Schleifgeräusche? Macht das Auto seltsame Geräusche, beschleunigt kaum oder riecht unangenehm?

Nach der Fahrt

Tropft Öl aus dem Motorraum? Sind die Felgen heiß?

Abschließend muss natürlich die Frage nach Extras wie Winterreifen bzw. zusätzlichen Felgen geklärt werden. Für den Kaufvertrag sollte man sich genügend Zeit nehmen. Dort muss der Verkäufer samt Kontaktdaten und Adresse sowie das Auto mit Fahrgestellnummer eingetragen sein. Um sicherzugehen, sollte man sich einen Ausweis des Verkäufers zur Identitätsbestätigung zeigen lassen.

Bei privaten Verkäufern sollte man unbedingt darauf achten, ob eine Sachmängelhaftung explizit ausgeschlossen wird.

Eine ausführliche Übersicht mit weiteren hilfreichen Erklärungen findet man auch online beim ADAC, der eine sehr gute Gebrauchtwagen-Checkliste zur Verfügung stellt. Wir legen sie jedem unbedingt ans Herz.

TIPP

Aufgepasst bei Barkäufen: Am besten informiert man sich mindestens ein Woche vor dem geplanten Kauf bei seiner Bank, wie das Geld bereitgestellt werden kann.

EXTRAWISSEN FÜR CAMPER

Bei Wohnmobilen, Wohnwagen und Pick-up-Campern liegt der Fokus bei der Herstellung auf maximalem Wohnkomfort und Platz. Wichtig ist aber vor allem, dass das Mobil stabil und dicht ist. Größtes Problem stellt oft Feuchtigkeit dar. Daher sollte man vor dem Kauf unbedingt prüfen, ob das Reisemobil einen Wasserschaden hatte.

Um das herauszufinden, gibt es verschiedene Hilfen. Außen kann man die Wände abklopfen. Klingt eine Stelle anders, ist Nachforschen angesagt. Es gibt zahlreiche Videos im Internet, die Tipps geben, wie man vorgehen sollte.

Einen genauen Blick sollte man auf die Dichtmassen werfen. Verbindungen von Dach-, Wand- und Bodenplatten sind bei älteren oder günstigen Modellen aneinandergeschraubt und durch eine Leiste und Dichtmasse versiegelt. Letztere wird durch Alter und Witterung porös und muss erneuert werden. Sie dichtet auch Luken im Dach, die Tür und die Fenster ab. Wurde an einigen Stellen schon nachgebessert?

Innen sollte man den Übergang zum Dach und anderen Öffnungen genau inspizieren und dabei besonders an diesen Stellen auf gewelltes Material achten. Dies ist ein deutlicher Hinweis auf einen (früheren) Wasserschaden. Das Wasser dringt ein und lässt das Holz aufquellen. Im schlimmsten Fall riecht man direkt beim Eintreten den feuchten Geruch, den das vermodernde Holz ausströmt.

Ist das Mobil noch mit dem originalen Mobiliar ausgestattet? Denn wurde das Mobil gestrichen oder im Innenraum neu verkleidet, kann dies auf einen Schaden hindeuten (der eventuell behoben wurde). Im Idealfall kann der Verkäufer Dokumente über regelmäßige Wartungen, Instandhaltungen und Dichtigkeitsprüfungen vorlegen.

TIPP

Ein Feuchtigkeitsmessgerät, wie es bei Wasserschäden in Häusern zum Einsatz kommt, kann hilfreich sein.

Auch der Innenraum muss genau unter die Lupe genommen werden

AUSBAU – VOM AUTO ZUM WOHNMOBIL

Geschafft! Das Traummobil ist gekauft! Und nun? Einen Großteil der Kosten für ein Wohnmobil ab Werk kann man sich sparen, wenn man das Gefährt selbst zum Zuhause ausbaut. Dies erfordert nicht viele Umbauten, macht Spaß und spart eine Menge Geld bezüglich Kauf, Versicherung und Steuern. Doch Vorsicht bei Gas und Elektrik: Vor dem Ausbau sollte man sich bei einem Fachmann informieren und die Umbauten anschließend von diesem überprüfen lassen.

ZULASSEN UND VERSICHERN – DAS FORDERT DER TÜV

Grundsätzlich unterscheiden der TÜV und die Versicherung zwischen PKW, LKW und Wohnmobil. Deshalb sollte man genau aufpassen: Ist das Mobil bisher als PKW zugelassen, gilt der Ausbau als Ladung und muss entsprechend Paragraf 22 StVO gesichert werden. Die Ladung / der Ausbau darf also weder verrutschen, noch umfallen oder hin- und her rollen. Auswirkungen auf die Zulassung hat das keine.

Ist das Mobil hingegen als Nutzfahrzeug zugelassen und die Anforderungen an die Transporteigenschaften eines LKW werden nicht mehr erfüllt, erlischt dessen Betriebserlaubnis.

Natürlich darf man ein Wohnmobil auch im Alltag als Fahrzeug nutzen.

Laut Straßenverkehrs-Zulassungsordnung (StVZO) ist ein Wohnmobil ein Fahrzeug der Klasse M mit besonderer Zweckbestimmung. Es ist so konstruiert, dass es die Unterbringung von Personen erlaubt und mindestens eine Schlafgelegenheit (kann u. U. tagsüber als Sitz genutzt werden), einen Tisch (muss nicht fest installiert sein) und eine Sitzgelegenheit, eine Kochmöglichkeit (z. B. eine Herdplatte / einen kleinen Gaskocher) und Stauraum vorweist, um Gepäck und sonstige Gegenstände unterzubringen (z. B. Boxen unter dem Bett).

Wichtig, aber nicht gefordert für die Zulassung ist eine gültige Gasprüfung der Gasanlage. Dies ist aber kein Kriterium für die Anerkennung bzw. Zulassung.

Diese Kriterien gelten in der Schweiz ebenso. Allerdings unterscheiden die Schweizer Wohnmobile nach dem Gewicht und unterteilen zwischen leichten und schweren Wohnmotorwagen. Unterschiede bestehen auch je nach Kanton und Prüfer. Bestenfalls erkundigt man sich beim zuständigen Straßenverkehrsamt und besorgt sich dort ein Merkblatt. In Zürich müssen beispielspielsweise eine Dachluke oder ein Fenster im Wohnraum, ein Grauwassertank für Abwasser und seitliche Sonnenstoren eingebaut werden.

Will man darüber hinaus noch zusätzliche Sitzplätze zulassen, folgen weitere Bestimmungen.

AUFGEPASST

Der Tisch muss zwar nicht dauerhaft installiert sein, muss aber fest verschraubt werden.

Auch wenn man sein Mobil nicht ummelden möchte, muss es ggf. wegen technischer Änderungen beim Straßenverkehrsamt vorgeführt werden.
Auch für Österreich gelten dieselben Regelungen. Zusätzlich gibt es drei Anmerkungen: Bei der Verwendung einer Gasherdplatte als Kochgelegenheit muss die Gasflasche ein gasdichtes Gehäuse mit einer Öffnung nach außen am Boden verbaut haben. Das Einbauen von Scheiben mit Prüfzeichen ist ebenso zulässig wie das Entfernen von Trennwänden. Empfehlenswert ist auch hier eine Absprache im Vorfeld mit den Landesfahrzeugprüfstellen bezüglich einer Zulassung zum Wohnmobil.
Bereits im Vorfeld sollte man den Umbau mit einem Prüfer vom TÜV oder der DEKRA absprechen. Denn in der Praxis stellen verschiedene Prüfstellen je nach Ermessensspielraum auch unterschiedliche Anforderungen. Sicherheit hat wie immer beim TÜV eine sehr hohe Priorität: Türen und Klappen müssen während der Fahrt fest verschlossen bleiben. Einiges wird in dem Gefährt bereits vorhanden sein oder spätestens für die Reise eventuell umgebaut werden.

GUT ZU WISSEN

Diese Anforderungen erscheinen für Deutschland ungewöhnlich kurz und unkompliziert? Dann sollte man sich das ehemalige mehrseitige Merkblatt des VdTÜV bezüglich Anforderungen an ein Wohnmobil anschauen. Das erklärt auch die Ansprüche mancher Prüfer.

UMBAU? ABER SICHER!

Für einen sicheren Umbau ist es wichtig, das zulässige Gesamtgewicht für das Fahrzeug bzw. die maximale Anhängelast bei Wohnwagen nicht zu überschreiten, da sonst die für dieses Gewicht ausgelegten Bremsen, Federn etc. nicht mehr sicher funktionieren. Die Versicherung muss im Schadensfall möglicherweise nicht mehr haften; man muss sich daher genau bei seinem Versicherer erkundigen. Das zulässige Gesamtgewicht darf also nicht aus den Augen verloren werden, falls das Reisemobil mit Holz auskleidet werden soll. Besser ist es, für die Verkleidung der Wände und Decke leichte Materialien zu wählen. Denn auch Gepäck und Personen zählen zum zulässigen Gesamtgewicht und müssen eingerechnet werden.
Eine goldene Regel beim Packen und daher bei der Planung des Umbaus lautet, alles Schwere möglichst tief zu lagern. Gerade

bei Geländefahrten ist das von Vorteil, doch auch bei hohen Reisemobilen sollte der Schwerpunkt tief liegen. Beachten sollte man daher beim Umbau, den Stauraum unter dem Bett und in Schränken einzuplanen und möglichst wenig Hängeschränke zu installieren. Ein weiterer wichtiger Punkt ist die Ladungssicherung. Einerseits muss das Mobiliar fest im Auto installiert, sprich am Boden und/oder an den Wänden verschraubt oder verklebt sein. Andererseits muss die Installation gewährleisten, dass sich die Türen und Schubladen während der Fahrt nicht öffnen.

TÜREN SICHER VERSCHLIESSEN DURCH:

- einfache, rautenförmige Drehriegel
- Schiebetüren
- Push-Lock-Möbelschlösser
- Riegel
- elastische Bänder vor Regalen
- Spanngurte

Verkleidung und Konstruktion

Holz ist bei vielen Mobilen die erste Wahl. Es ist ein nachwachsender Rohstoff, je nach Art relativ günstig und leicht, isoliert, sieht schön aus und verkörpert für viele den Wunsch nach Natur. Andererseits verzieht es sich, ist teilweise schwer und kann unbehandelt anfällig für Feuchtschäden sein. Multiplexplatten, Profilholz oder Sperrholzplatten bieten sich zum Bau von Schränken, Tischen, Schubladen und dem Bett an. Zudem können sie als Verkleidung dienen. Eine gute Ergänzung ist Elefantenhaut, eine wasserbasierte, matte Schutzbeschichtung für Wand und Tapete. Diese Beschichtung eignet sich besonders für stark beanspruchte Flächen, die häufig gereinigt werden. Denn sie ist laut Hersteller wasch- und scheuerbeständig. Auch Kork bietet sich als leichtes Material an. Dieser natürlich nachwachsende Rohstoff ist darüber hinaus wasserabweisend, Kork isoliert und gibt dem Innenraum einen warmen Farbton. Das sogenannte Leder der Veganer ist leider nicht gerade günstig. Kunststoff gibt es in allen Farben, Mustern und Formen und eignet sich zur Verkleidung von Wänden oder Fußboden. Allerdings gibt es in unserer Umwelt bereits zu viel davon, weshalb dies nicht unser präferiertes Material ist.

Fußboden

PVC ist ein spröder und harter Kunststoff, der durch Weichmacher flexibel gemacht und angepasst wird. Gewöhnlich kennt man ihn als Fußbodenbelag. Er ist pflegeleicht und günstig. Linoleum bietet sich aufgrund seiner wasserabweisenden Oberfläche ebenfalls für einen pflegeleichten Fußboden an. Nicht empfehlen können wir einen Teppichboden. Denn gerade in der freien Natur bringt man viel Sand, Erde und Nässe in den Innenraum des Reisemobils.

Isolierung und Dämmung

Beim kompletten Umbau des Vehikels fügt man zwischen Karosserie und Verkleidung eine isolierende Schicht ein. Die Auswahl an traditionellen Produkten und neueren ist groß, ebenso die Vor- und Nachteile. Styropor (EPS) ist lange Zeit zur Isolation genutzt worden. Es ist leicht, günstig und relativ einfach zu verarbeiten. Allerdings kann sich dieses Material mit Wasser vollsaugen und seine Umgebung befeuchten. Glaswolle gehört zu den Mineralwollen. Sie ist günstig in der Anschaffung und einfach zu verarbeiten. Durch ihre lockere Zusammensetzung kann sie sich allerdings ebenfalls mit Wasser vollsaugen oder eindringende Feuchtigkeit am Außenblech kondensieren. Daher muss beim Einbau eine Folie als Dampfsperre zwischen Innenraum und Wolle angebracht werden.

Neuere Alternativen

Ähnlich, aber besser als Glaswolle ist das Van Protection System (VPS), bestehend aus alukaschierten PE-Fasermatten, auch bekannt unter den Bezeichnungen Armaflex und X-Treme-Isolator. Diese Matten isolieren gut und dämmen Geräusche merklich. Zwar ist das Material relativ schwer, aber die Isolierung und Geräuschdämmung ist bereits bei dünnen Matten gut. Zudem nehmen sie keine Feuchtigkeit auf, sind flexibel und einfach zu verarbeiten. Leider sind sie relativ teuer.

Elastomerschaum (FEF) ist ein synthetischer Kautschuk. Er nimmt kein Wasser auf und verfügt zusätzlich über eine Beschichtung gegen Schimmelpilze und Bakterien. Darüber hinaus ist er sehr biegsam, leicht und hat gute Dämmwerte. Auch diese Dämmung ist nicht ganz billig.

Styrodur (auch Styrofoam, RTM-Schaum oder XPS-Schaum) ist extrudiertes Polystyrol. Es ist wenig druckempfindlich, steif und saugt kaum Wasser auf.

PU, auch als Bau- oder Montageschaum bekannt, wird für den seriellen Bau von Wohnwagen und -mobilen verwendet. Einmal aufgeschäumt isoliert es sehr gut. Zudem ist PU nicht saugfähig, verrottungsresistent und steif und kann daher die Außenwände fast ohne stützendes Skelett tragen. Nachteil ist allerdings die aufwendige Produktion.
Wie man sieht, weisen die Neuerungen viele Vorteile auf. Wir können zu deren Verwendung nur raten, um Wasserschäden zu vermeiden.

WERKZEUGKISTE FÜR DEN UMBAU

Bestenfalls hat man Zugang zu einer Werkstatt, in der man die Materialien schneiden, fräsen und schleifen kann. Ansonsten sind folgende Werkzeuge hilfreich:

- **Tauchkreissäge**, um Holz sauber zuzuschneiden
- **Stichsäge**, für feinere Arbeiten wie Rundungen, Ausschnitte und Ecken
- **Schleifmaschine**, um das Holz vor dem Lackieren oder Ölen zu bearbeiten und (Kanten) zu glätten
- **Winkelspanner** und **Dübelschablonen** als Präzisionshilfen für gerade Winkel und Löcher.

Bevor es losgeht, sollte der komplette Innenausbau geplant werden. Gut ist, die Maße von Kühlschrank, Wasserkanister, Kochgelegenheit, Töpfen etc. zu kennen, da sonst zahlreiche nachträgliche Umbauarbeiten anstehen könnten. Hilfreich ist zudem, sich vor dem Umbau eine Zeichnung zu erstellen, aus der alle erforderlichen Maße hervorgehen.

Schlafgelegenheit – Das Bett

Das Herzstück des Campingmobils ist das Bett. Denn in diesem verbringt man oft nicht nur die Nacht, sondern nutzt es vielleicht auch tagsüber als Chill-out-Zone. Darüber hinaus erfüllt es im Reisemobil mehrere Funktionen: Es dämmt die Wärme, sodass unter der Bettkonstruktion ein Stauraum entsteht, der relativ kühl bleibt. Ein idealer Platz, um Lebensmittel und Gegenstände zu lagern, die hitzeempfindlich sind. Der Stauraum kann zudem übersichtlich und leicht erreichbar gestaltet werden und spart auf diese Weise viel Zeit im Alltag.

Welche Maße hat das Mobil?
Viele PKW sind etwa 1,20 m – 1,40 m breit, Platz, der sich wunderbar für ein Bett eignet, in dem man bequem zu zweit schlafen kann. Kastenwagen sind oft breiter. Wenn man von kleiner Statur ist, ist dies auch prima – so kann das Bett eventuell quer einbaut werden. Damit spart man viel Platz, der für andere Zwecke genutzt werden kann.

Welche Maße soll das Bett haben?
Die Länge des Bettes: Was für den einen in Ordnung ist, ist für den anderen bereits zu kurz. Eine zweite entscheidende Frage ist der Freiraum über dem Bett: Möchte man möglichst viel Stauraum, also ein hohes Bett? Oder lieber gemütlich auf dem Bett sitzen können? Beim Maßnehmen sollte man auch den Abstand des Bettes samt Matratze zur Decke beachten und bedenken, dass es gerade dicht unter dem Dach sehr warm werden kann.

TIPP

Ideal ist es, Löcher in die Bretter zu bohren oder diese aus Querstreben mit Rahmen herzustellen, dadurch wird die Matratze ständig gelüftet. Seitlich kann man an strategischen Stellen etwas Platz lassen, um bequem unter das Bett greifen zu können und an den Stauraum zu gelangen – das spart viele Umräumarbeiten!

Wie soll das Bett aufgebaut sein?
Beim Bau des Bettes gibt es zwei Varianten: Es kann ein starres oder flexibles Modul sein. Das starre Plattformbett gleicht einem herkömmlichen Bett. Es ist einfach und schnell gebaut und montiert: Auf einen Unterbau aus mindestens sechs Stelzen montiert man ein Brett oder mehrere Bretter als erhöhten „zweiten Boden“. Darauf wird eine Matratze gelegt. Alternativ kann man Liegefläche und Matratze dreiteilen und jeweils anheben, um von innen an den Stauraum zu gelangen.
Ein flexibles Modul besteht aus mehreren kleinen Einheiten, die zu einer Sitzgelegenheit (mit Tisch in der Mitte) umgebaut werden. Für die Liegefläche wird der Tisch herabgesenkt und aus den Rücklehnen entsteht zusammen mit den Sitzkissen eine große Matratze. Dafür muss die Matratze natürlich in mehreren Teilen vorliegen und die entsprechenden Maße genau genommen werden. Auch kann eine Seite des Bettes fest montiert sein, während sich die andere hochklappen lässt.

FAZIT

Wer auch tagsüber mal ein Nickerchen machen möchte, viel Stauraum benötigt und sich zum täglichen Umbau nicht aufraffen kannt, für den ist das starre Plattformbett eine gute Wahl. Möchte man tagsüber das geräumige Innere des Mobils genießen und ist bereit, Zeit und Platz zu investieren, dann ist ein flexibles Bett eine gute Lösung.

Als Matratze kommen diverse Typen in Frage: hart oder weich? Schaumstoff, Federkern oder Latex? Auch dies hängt von den persönlichen Präferenzen und Plänen ab: Eine Schaumstoffmatratze lässt sich mit einem einfachen Küchenmesser leicht in Form schneiden, ist günstig und flexibel.

Topper oder teilweise gefüllte Luftmatratzen sind eine gute Alternative zur Matratze. Sie sind mit einer Höhe zwischen 4 cm und 10 cm deutlich dünner als eine Matratze und werden auf das Bettgestell gelegt.

Oft reicht eine Matratze im Kofferraum, um gemütlich schlafen zu können

Tisch und Sitzgelegenheiten

Egal ob es regnet, stürmt oder schneit, wenn man einen Tisch und Sitzgelegenheiten im Inneren des Mobils hat, lässt es sich dort gut aushalten. Varianten gibt es viele, fast alle kann man mit wenig Aufwand selbst einbauen.

Klapptisch an der Seitenwand

Bei dieser Variante montiert man einfach ein Brett an der Seitenwand. Am Campingplatz angekommen klappt man den Tisch hoch und verankert ihn durch eine Aufhängung an der Decke oder durch ein (ausklappbares) Standbein. So ist der Tisch ist beim Fahren nicht im Weg und gesichert. Man kann ihn schnell umbauen und nutzen. Allerdings kann man keine Staukisten oder anderes Material vor dem Tisch lagern, da diese Fläche zum Hochklappen benötigt wird.

Hubtisch

Wohnmobil- und Wohnwagenfahrer kennen dieses System: Dieser Tisch wird zum Essen hochgefahren und kann eingefahren gemeinsam mit den Sitzgelegenheiten zu einem Bett umgebaut werden. Der Tisch ist fest installiert, die Höhe kann verstellt werden. Die Sitzgelegenheiten sind u-förmig oder als zwei gegenüberliegende Bänke angeordnet. Sehr praktisch ist, dass der Tisch fest im Mobil verbaut ist. Leider entfällt der Stauraum unter dem Tisch und man muss die Muße zum Umbauen haben.

Ausfahrbarer Tisch unterm Bett

Gerade bei Kastenwagen findet man diese Option häufig: Unter dem erhöhten Bett befindet sich der Tisch. Er wird wie eine Schublade herausgezogen. Rechts und links vor dem Bett befinden sich gegenüberliegende Sitzgelegenheiten, in dessen Mitte der Tisch gezogen wird. Das schlichte Design ist einfach und gut. Der Tisch nimmt kaum Platz weg und ist gesichert. Um ins Bett zu gelangen, muss der Tisch aber wieder eingefahren werden.

Schwenkbarer Tisch

Eine elegante Lösung ist ein Tisch, der auf einem schwenkbaren Arm montiert ist. Idealerweise befindet sich dieser an einer Tür und ist höhenverstellbar. So ist der Tisch ist im Innen- und Außenbereich nutzbar und kann flexibel dorthin gezogen werden, wo man ihn gerade braucht. Der schwenkbare Tisch muss während der Fahrt aber gesichert oder demontiert werden.

Ein klappbarer Campingtisch kann in jedem Auto platzsparend verstaut werden

Kochmöglichkeiten

Kochen hält Leib und Seele zusammen und ist eine wunderbare Möglichkeit, mit anderen Campern zusammenzusitzen und das Leben zu genießen. Idyllisch ist das Backen von Stockbrot und Bananen überm Lagerfeuer, aber auch im Camper sollte man einen Kocher einbauen, der vom TÜV akzeptiert wird. Was nicht so einfach ist. Spiritus- und Benzinkocher haben den Nachweis, dass sie für den Fahrzeugbereich zugelassen sind, in der Regel dabei. Gaskartuschenkocher sind nur mit einer Zündsicherung für den Innenraum zugelassen. Eine Alternative ist eine Induktionskochplatte. Möchte man zusätzlich im Freien kochen, lohnt sich ein Kocher, der mit Gas, Benzin, Spiritus oder Alkohol betrieben wird. Welcher Kocher ist nun der Richtige? Campt man vor allem auf Campingplätzen oder Stellplätzen mit Stromanschluss? Dann bieten sich folgende Optionen an:

Elektrokochplatte

Ein Vorteil sind klar die relativ geringen Anschaffungskosten. Im Vergleich zur Konkurrenz dauert das Erhitzen allerdings länger und der Strombedarf ist sehr hoch.

Induktionskochplatte

Diese Platte erhitzt sich nur am Kontakt mit dem Topf und ist vergleichsweise effizient. Damit ist der Stromverbrauch auch geringer. Allerdings sind die Anschaffungskosten hoch. Zudem muss man eventuell neue Töpfe kaufen, denn diese müssen magnetisch sein.

WICHTIG

Fest eingebaute Elektroplatten werden je nach Prüfstelle nur akzeptiert, wenn sie nach VDE-Vorschriften fest verdrahtet sind. Außerdem benötigen sie einen Sicherungsschutz und eine passende Außensteckdose.

Ist man mit leichtem Gepäck unterwegs und will auch gern mal autark kochen? Dann gibt es zahlreiche Alternativen:

Gaskocher

Durch die offene Flamme als Hitzequelle erreichen Gaskocher sehr schnell die gewünschte Zieltemperatur. Allerdings bestehen aufgrund der offenen Flamme sowie des explosiven Brennstoffs Sicherheitsrisiken. Zudem ist der Kocher im Vergleich zu seinen elektronischen Konkurrenten schwerer zu reinigen. Praktisch ist eine Piezozündung: Durch einen Druckknopf wird die Zündung aktiviert und weder Streichhölzer noch Feuerzeug müssen gesucht werden.

Entscheidet man sich für diese Kochweise, gibt es wiederum eine Vielzahl unterschiedlicher Kocher. Der bekannteste Hersteller ist Campingaz. Beginnen wir mit den portablen Optionen für Radfahrer und den kurzen Zelturlaub. Je nach Modell können diese auch als Kochgelegenheit für die Zulassung zum Wohnmobil dienen.

WICHTIG

Gaskartuschenkocher sind nur mit einer Zündsicherung für den Innenraum und damit für die Eintragung zum Wohnmobil zugelassen. Die Zündsicherung unterbricht die Gaszufuhr automatisch, sobald die Flamme erlischt.

Kartuschenkocher mit Koffer

Bekannt und häufig genutzt sind einflammige Gaskocher mit Kartuschen. Sie werden in einem Koffer aufbewahrt, der als Windschutz dienen kann. In der Mitte ist ein Kochfeld, seitlich lässt sich die längliche Kartusche anbringen. Diese Kocher sind leicht und einfach zu bedienen.

Doppelbrenner mit Gasflasche

Diese Option gibt es als flexible oder fest installierte Kochgelegenheit. Letztere sind in vielen Wohnwagen und -mobilen eingebaut. Die Zahl der Kochfelder sowie die Größe und Art der Gastanks variiert dabei. Tauschflaschen können durch andere ausgetauscht werden, Tankflaschen, werden neu befüllt; Gastanks sind fest im Mobil verbaut und werden befüllt. Zu beachten ist, dass man bei einer festen Installation der Gasanlage in seinem Mobil eine regelmäßige Zusatzprüfung beim TÜV machen muss.

Spirituskocher

Günstig in der Anschaffung und ein Leichtgewicht sind Spirituskocher. Sie verbrennen Ethanol, also (Brenn-)Spiritus. Allerdings ist die Heizleistung nur schwach, der Brennstoffverbrauch aber hoch.

Benzinkocher

Die Vorteile eines Benzinkochers liegen auf der Hand: Zum

Einen brennt Benzin auch bei Minusgraden und niedrigem Luftdruck und eignet sich, wenn man hoch hinaus ins Gebirge möchte. Zum Anderen ist die Heizleistung hoch. Ein weiterer Pluspunkt ist, dass Benzin weltweit zu bekommen ist. Nachfüllen ist also kein Problem! Allerdings sind Wartung und Bedienung etwas komplizierter als bei den bisher aufgelisteten Kochern. Feuerzeugbenzin ist eine tolle Alternative zu Benzin: Es ist energieeffizient und vergleichsweise umweltfreundlich.

Holzkocher

Exotisch und nur etwas für Geübte sind Holzkocher. Denn man verbrennst natürliche Materialien auf einem Lagerfeuer. Darüber kommt der kompakte und günstige Holzkocher oder ein Rost. Man muss sich unbedingt im Vorfeld erkundigen, ob man ein Feuer entzünden darf.

WICHTIG

Vor dem Kauf sollte man sich beim Hersteller informieren, ob das Betreiben des Kochers im geschlossenen Innenraum zulässig ist. Ansonsten wird die Kochmöglichkeit vom TÜV nicht zugelassen.

Der Stauraum

Der Stauraum sollte von möglichst vielen Seiten zugänglich sein, damit man bei Regen trotzdem alle Fächer erreichen kann. Wichtig ist auch, dass man verschiedene Fächer und Behälter einplant, die möglichst tief liegen. Auf diese Weise verrutscht die Ladung nicht und man kann seine Habseligkeiten kühl, trocken und sicher lagern.

Einfach ist es natürlich, diverse Kisten und Kartons unter dem Bett zu arrangieren und an den Ausgängen zu sichern. Besser, eleganter und auf Dauer auch schonender für Mensch und das rollende Zuhause ist das Einbauen von Schienen, Schubläden und Schränken. Durch sie und in ihnen kann der (Stau-)Raum unterteilt und gegliedert werden.

Plant man einen schmalen Raum längs der Matratze ein, kann man zwischen ihr und der Wand kleine Behälter für Kleinkram montieren, der sonst herumliegt und möglicherweise den Fahrer behindert. Schön ist es auch, Schraubdeckel von Dosen an der Unterseite von

TIPP

Baut man lange Schubladen unter dem Bett ein, kann man sie bequem herausziehen und gelangt leicht an den Stauraum. Schubladenauszüge bieten sich bei geringerem Gewicht an, Schwerlastauszüge mit Lock-in/out zum sicheren Verschluss bei höherem Gewicht.

Hängeschränken zu montieren – dort kann man Behältnisse eindrehen und alles bleibt an seinem Platz. Um den Wohnmobilanforderungen zu entsprechen, hilft es oft, einen kompakten Küchenblock zu bauen. Dieser kann hinter dem (Bei-)Fahrersitz installiert werden und umfasst das Waschbecken, eine Arbeitsfläche, den Kocher und Stauraum. Und ist damit die halbe Miete auf dem Weg zur Wohnmobilzulassung.

Auch ohne eine Zulassung zum Wohnmobil ist der Stauraum entscheidend für eine gelungene Reise und erspart bei guter Planung viele Umräumarbeiten.

Fertig! Schlaf-, Sitzgelegenheit, Tisch und Stauraum sind eingebaut. Der Kocher ist fest installiert. Die Ladung gesichert. Nun ist das Auto bereit, offiziell als Wohnmobil zugelassen zu werden. Wer beim Planen und Umbauen Lust auf ein paar Extras bekommen har, darf sich inspirieren lassen.

WAS DER TÜV NICHT FORDERT – EXTRAS FÜR CAMPINGPROFIS

Nach diesen notwendigen Umbauten, die als Basis für eine Wohnmobilzulassung unabdingbar sind, kommen nun die tollen Feinheiten: Sie machen das Leben im Reisemobil erst richtig angenehm. Das folgende Kapitel soll als Anregung dienen, aber natürlich gibt es darüber hinaus sehr viele Möglichkeiten, das Mobil praktisch und wohnlich zu gestalten.

Moskitonetz

Natur pur? Gern – aber bitte draußen! Das Reisemobil bleibt bestenfalls frei von Insekten. Das ist abends bei brennendem Licht nicht immer einfach. Gerade in Gebieten mit Mücken ist eine Vorkehrung nicht nur gegen nervige Tiere gedacht, sondern auch zum Schutz für die Gesundheit. Abhilfe schaffen Moskitonetze. Je nach Mobil sind sie bereits an Fenstern und Türen installiert. Falls nicht, gibt es oft Modelle für das Mobil zu kaufen.

Gerade für Türen bieten sich Moskitonetze mit Magneten an. Das Netz wird per Reißverschluss, Klett oder Kleber mit dem Rahmen verbunden. Unten wird es durch Gewichte auf dem Boden gehalten. Die horizontalen Öffnungen sind mit Magneten versehen. Öffnet man das Gitter, schließt es sich danach von selbst wieder. Praktisch, oder? Speziell für Gnitzen gibt es sehr feinmaschige Moskitonetze – die lassen auch die kleinsten stechenden Plagegeister nicht durch.

Gardinen bieten Privatsphäre und schaffen Gemütlichkeit im Mobil

Verdunklungsmöglichkeit und Sichtschutz – Gardinen

Gardinen dienen als Sicht- und Wärmeschutz und geben dem Mobil die nötige Privatsphäre und je nach Geschmack auch Farbtupfer.
Wer es schnell mag, kann einfach an verschiedenen Stellen in die Verkleidung des Vehikels bohren, dazwischen Schnüre (z. B. Isolierkabel, die geben nicht nach) spannen und daran alte Bettlaken aufhängen. Nachteil dabei ist, dass der Stoff relativ licht- und wärmedurchlässig ist.
Alternativ können dichte Stoffe mit Druckknöpfen versehen werden. Gardinen an Seilen, die ober- und unterhalb des Fensters befestigt werden, sind sicherlich die schönste und individuellste Lösung. Wer gern näht, kann sich die Stoffe aussuchen – aber je dichter der Stoff, desto höher ist in der Regel sein Gewicht.
Es gibt auch einige Hersteller, die Gardinen fürs Auto passend zu den Fenstern anbieten. Diese können relativ einfach im Auto befestigt werden.

Fließend Wasser, Wassertank und Spülbecken

Für fließendes Wasser installiert man eine Tauchpumpe in einem der Wasserbehälter und verbindet diese mit einer Stromquelle. Damit fließt das Wasser bequem wie zu Hause aus der Leitung. Alternativ dazu gibt es mechanische Pumpen, die auf Booten verwendet werden. Diese werden mit dem Fuß bedient, was den Vorteil hat, dass die Hände beim Spülen frei sind und man keinen Strom benötigt und verlegen muss.

CLEVER

Eine tolle Option ist der Einbau eines Duschkopfes, den man zum Spülen benutzen, andererseits auch aus dem Fenster schwenken und zum Duschen verwenden kann.

Immer sauber bleiben: Die (Solar-)dusche(n)

Hat man keine Nasszelle im Mobil, möchte jedoch trotzdem häufig außerhalb eines Campingplatzes stehen und den Genuss einer Dusche nicht missen? Dann lohnt sich vielleicht der Kauf einer Solardusche. Es gibt viele Varianten, zwei stellen wir hier vor.

Flexible Solardusche

Einfache flexible Solarduschen bestehen aus schwarzen Säcken mit etwa zehn Liter Fassungsvermögen und einer Schlauchvorrichtung. Diese legt man zum Erhitzen in die Sonne, hängt sie auf und duscht darunter. Gerade für Radfahrer und Wanderer mit Zelt ist diese Solardusche ideal. Denn sie benötigt im unbefüllten Zustand kaum Platz und ist leicht.

Eine Solardusche kann man mit etwas Geschick auch selbst bauen

Feste Solardusche

Ist man mit einem Reisemobil unterwegs und hat noch Platz auf dem Dach? Dann bietet es sich an, dort eine Solardusche zu installieren. Sie besteht aus einem langen schwarzen Regenrohr mit L-förmige Enden. Dieses wird in einem leichten Winkel auf dem Dach montiert. Das obere Ende der Solardusche hat einen Deckel mit Schaubverschluss. So lässt sich Wasser einfüllen. Am unteren Ende der Solardusche ist ein Hahn montiert, den man mechanisch öffnen und schließen kann. Zudem gibt es ein Rückschlagventil, das Luft einlässt, wenn man den Hahn aufdreht. Ansonsten würde das Wasser nicht fließen. Diese Solardusche kann man kaufen oder selbst bauen. Technische Raffinesse bekommt das Ganze durch eine Tauchpumpe und einen Anschluss für einen Gartenschlauchaufsatz. Wenn man ein (kleines) Mobil hat und sich über einen externen Wassertank für eine schnelle unkomplizierte Dusche im Freien freut, dann eignet sich diese Solardusche hervorragend.

Wie in den meisten Wohnmobilen und -wagen Standard, kann man sich im Inneren des Mobils eine Nasszelle mit Durchlauferhitzer einrichten und vom TÜV abnehmen lassen.

Keep cool I – Der Kühlschrank

Unbedingt empfehlenswert ist bei längeren Reisen eine Kühlmöglichkeit für Lebensmittel. Das wissen auch die Campingplatzbetreiber und bieten Kühltruhen an, in denen Gäste mit Zelt ihre Einkäufe lagern können.
Ist man mit dem eigenen Gefährt unterwegs, lohnt es sich, einen Kühlschrank anzuschaffen. Doch welcher Kühlschrank ist der richtige? Abhängig davon, ob man mehrmals die Woche in ein Restaurant geht oder selber kocht oder ob man möglichst viel Platz für Lebensmittel für eine ganze Familie braucht, sollte man das für sich passende Modell auswählen.

Absorberkühlschrank
Eine traditionelle Variante, die in vielen Wohnmobilen verbaut ist, ist der Absorberkühlschrank, auch als Gaskühlschrank bekannt. Voraussetzung ist eine bestehende Gasanlage im Gefährt oder die Planung einer solchen. Bedenken sollte man, dass diese Gasanlage regelmäßig vom TÜV abgenommen werden muss.

Ein Gaskühlschrank kann auf drei Wegen betrieben werden:

- 12 Volt während der Fahrt über die Lichtmaschine, hat einen geringen Wirkungsgrad und dient nur zur Erhaltung der Temperatur während der Fahrt
- 230 Volt bei externer Stromzufuhr, hoher Verbrauch, kann in der Regel nicht über Solarzellen versorgt werden
- Gas für autarken Betrieb, relativ hoher Wirkungsgrad und gute Kühlleistung außer bei hohen Außentemperaturen

Gaskühlschränke unterscheiden sich optisch nicht von herkömmlichen und haben je nach Ausstattung auch ein Eisfach. Sie bieten viel Platz für Lebensmittel. Die Vorteile liegen klar auf der Hand: Neuere Modelle wechseln automatisch den Betriebsmodus und laufen komplett geräuschlos. Sie haben einen hohen Wirkungsgrad bei geringen Außentemperaturen, sind unabhängig vom Wetter (Sonnenenergie) und können mehrere Energiequellen (Gas und Strom) nutzen. Doch es gibt auch Nachteile: Der Wirkungs- und Kühlgrad bei hohen Außentemperaturen ist geringer, da der maximale Temperaturunterschied bei ca. 25 Grad liegt. Gaskühlschränke funktionieren nur auf gerader Fläche und man kann lediglich den Kühlgrad, nicht die Zieltemperatur einstellen; ändert sich die Außentemperatur (z. B. über Nacht), kühlt der Absorberkühlschrank ggf. zu stark. Außerdem müssen Abgase durch einen Kamin abgeleitet werden. Darüber hinaus haben ältere Modelle keine automatische Umschaltung der Betriebsmodi: Das muss man vor und nach jeder Fahrt (und bei jedem längeren Stopp) selbst erledigen. Wichtig ist, dass man für die Gasanlage eine gesonderte TÜV-Prüfung benötigt. Ein Absorberkühlschrank eignet sich, wenn im Mobil bereits eine Gasanlage verbaut ist. Er bietet sich bei moderaten Außentemperaturen an und ist für Reisende ideal, die den Strom auf Camping- und Stellplätzen nutzen. Auch bei Reisezielen in Gebiete mit wenigen Sonnenstunden ist man mit Gas autark.

Läuft der Kühlschrank über 230 Volt Strom, ist es fast unmöglich, die hohe Bedarfsmenge durch Solarzellen zu decken.

Elektrischer Kompressorkühlschrank

Diese Kühlschränke arbeiten sehr energieeffizient, haben einen niedrigen Energieverbrauch und einen hohen Wirkungsgrad bei 12 Volt. Sie kühlen auch bei hohen Außentemperaturen und bis ca. –50 Grad unter der Außentemperatur. Im Gegensatz zum Gaskühlschrank funktionieren sie auch auf abschüssigem Gelände. Auch kann man mithilfe der integrierten Temperaturregelung die Zieltemperatur einstellen. Man benötigt keinen Kamin, um die Abluft abzuleiten, auf eine Gasanlage samt TÜV-Prüfung kann man ebenfalls verzichten. In den neueren Modellen von Wohnwagen und Wohnmobilen sind sie bereits oft verbaut. Wenn nicht, lohnt es sich vielleicht, umzurüsten.

Leider sind Kompressorkühlschränke relativ laut, baut man sein Mobil selbst aus, sollte man sie weit weg vom Kopfende des Bettes platzieren. Gut beraten ist man, wenn man einen leisen und gedämmten Kühlschrank kauft. Ein weiterer Nachteil ist, dass sie nur mit 12 Volt Eigenstrom funktionieren. Hat man keinen (Solar-)Strom, hat man keine Kühlung.

Die Solaranlage ist bereits geplant und die Reise geht in den Süden, wo die Sonne oft scheint und es warm wird? Noch dazu will man mit dem Mobil auf Erkundungstour gehen und auch mal

in Schräglage parken? Dann ist der Kompressorkühlschrank eine gute Wahl. Allerdings sollte man bei fehlendem Sonnenschein bereit für einen Ortswechsel sein oder einen Generator auspacken, um den Kühlschrank mit Strom zu versorgen.
Auf unserer ersten Reise haben wir einen thermoelektrischen Kühlschrank samt Anschluss über den Zigartettenanzünder benutzt. Bekannt sind diese Modelle vom Picknick am See. Befüllt man sie mit kühlen Getränken und Lebensmitteln und unternimmt dann einen Ausflug, mag das System funktionieren. Für Reisende hingegen gibt es einen gravierenden Nachteil: Diese Kühlboxen ermöglichen eine Temperatur, die maximal (!) 20 Grad unter der Umgebungstemperatur liegt – bei 30 Grad im Schatten und 60 Grad im Mobil helfen sie dann nur wenig.
Aufgrund ihres geringen Wirkungsgrades und des hohen Verbrauchs eignen sie sich für Camper nicht. Kälte sammelt sich im unteren Teil des Kühlschranks. Wählt man eine Wohnmobilkühlbox, die sich nach oben öffnet, verliert man beim Öffnen weniger Kälte.

Ohne Kühlschrank geht es nicht, es gibt verschiedene Kühlsysteme fürs Campen

Keep cool II – Ventilatoren

Geht die Reise in wärmere Gefilde, können wir jedem Camper den Kauf eines Ventilators sehr ans Herz legen. Sehr günstig kann man kleine Ventilatoren erwerben, die per USB-Anschluss aufgeladen werden. Dieses Geräte sind günstig, sehr kraftvoll, einfach zu laden und man kann sie überallhin mitnehmen. Wir wollen unseren nicht missen! Der Königsweg sind Camperventilatoren, wie ihn MaxxAir oder Fantastic anbieten. Beide sind extra für Reisemobile entworfen worden. Zur Installation werden sie in einer Öffnung im Dach installiert, können die Rotorenrichtung ändern und so als Gebläse oder als Dunstabzug dienen. Sie sind ihr Geld definitiv wert!
Empfehlen möchten wir auch die Zusatzversion mit Regenschutz. So muss man sich bei Abwesenheit oder nachts keine Gedanken über einen Wolkenbruch machen.

Keep cool III – Sonnensegel, Markise oder Vorzelt

Gerade in warmen und sonnigen Gegenden bietet sich ein Sonnenschutz an. Dieser schützt in der Regel auch gegen Regen und kann gar zum erweiterten Wohnbereich werden. Und vor allem bietet er eines: Gemütlichkeit.

TIPP

Egal welche Option man wählt: Nass sollte man Sonnensegel nicht oder nur kurz verstauen und nach spätestens zwei Tagen zum Trocknen auspacken.

Sonnensegel

Sonnendächer, wie Sonnensegel auch genannt werden, unterscheiden sich in Form und Größe beträchtlich. Und damit auch Montage und Aufbau: Ob freistehend, am Fahrzeug fest (Kederleiste) oder vorübergehend (durch Saugnäpfe) montiert, mit Gestänge oder Schnüren gespannt, der Auswahl sind kaum Grenzen gesetzt.
Wer gern an wind- und regenarmen Orten campt und seinen Standort wechselt, darüber hinaus nicht zu viel Geld investieren möchte, für den ist ein Sonnensegel eine gute Wahl.

Markise

Sehr praktisch sind Markisen, deren Gestell fest moniert wird. Das Gestell ist ausfahrbar und wird mit einem (Synthetik-) Stoff bespannt. Unterschieden wird bei Markisen zwischen zwei Modellen: Die leichte und günstige Taschenmarkise, auch Roll- oder Sackmarkise genannt, wird in einem Beutel an der Kederleiste des Mobils verstaut und bei Bedarf mit der Hand ausgerollt, mithilfe von Teleskoparmen gespannt und ggf. mit Seilen gesichert. Dieser Aufbau ist am leichtesten zu zweit zu bewerkstelligen. Die Gelenkarm- oder Kassettenmarkise wird seitlich oder auf dem Dach montiert. Sie verfügt über mindestens zwei fest montierte Gelenkarme, welche durch eine Kurbel ausgefahren werden. Die Installation am Gefährt spart Platz und Aufwand beim Aufbau. Wenn man häufig den Standort wechselt und (wegen der Solarzellen auf dem Dach) in der prallen Sonne und gar auf unebenem Boden parkt, dann ist eine Markise eine gute Wahl.

TIPP

Nicht nur gegen die Witterung schützt eine **Markise**, man kann daran auch Tücher als zusätzlichen Sonnenschutz, Wäsche oder eine Lichterkette aufhängen.

Vorzelt
Eine Nummer größer ist ein Vorzelt. Ein Vorzelt ist eine Raumerweiterung des mobilen Zuhauses, das aus einem Gestänge, einem Dach und einziehbaren Wänden besteht. Es wird wie ein Zelt auf- und abgebaut. Als dritte Option gibt es das Bus- und Mobilzelt. Dieses kann dank der verschließbaren Rückwand auch allein stehen. Die herkömmliche Variante besteht aus einem Gestänge wie bei einem Pavillon oder Zelt. Mittlerweile groß im Trend sind aufblasbare Vorzelte, auch Luftvorzelte genannt. Statt dem Gestänge fungieren Luftkammern als Stabilisierung.
Bleibt man gern lange an einem Ort, möchte sich dort mit zusätzlichem Wohn- und Stauraum heimisch einrichten und vor Wind und Wetter geschützt sein? Dann bietet sich ein Vorzelt an.

Keep Warm – Isolierung und Heizung

Vor allem wenn man in kalte und hohe Gefilde möchte, sollte das Reisemobil über eine gute Isolierung und eine Heizung verfügen. Aber keine Sorge, beides kann man später nachrüsten.

Standheizung
Von einem Fachmann direkt im Motorraum eingebaut wird die Standheizung. Nach der Installation sind Standheizungen laut Herstellerinformationen wartungs- und reparaturfrei. Unterschieden wird zwischen brennstoffbetriebenen und elektrischen Versionen. Brennstoffbetriebene Standheizungen gibt es als Luft- oder Wasserheizungen.

Gasheizung
Sehr häufig werden in Wohnmobilen Gasheizungen verbaut. Ist das nicht der Fall, kann sie beim Einbau einer Gasanlage installiert werden. Sie bedarf einer Prüfung durch den TÜV. Vorteil ist die relativ autarke Nutzung. Nachteile sind die Lautstärke und trockene Luft.

Elektroheizung
Viele kennen eine Elektroheizung vielleicht noch von zu Hause. Sie ist relativ klein und läuft über Strom. Und der wird nicht zu knapp verbraucht! Wenn man auf dem Campingplatz keinen Stromanschluss hat, werden die Batterien nicht lange halten.

Fußbodenheizung

Elegant ist eine Fußbodenheizung. Diese kann entweder elektrisch oder mit Gas betrieben werden und fest installiert sein. Raum und Fußboden werden zwar gut geheizt, allerdings hat diese Gemütlichkeit ihren Preis. Denn zusätzliche Anschaffungskosten sowie die Kosten für den Einbau, der hohe Stromverbrauch und die notwendigen Auflagen durch den TÜV sind recht hoch.

Dachboxen bringen extra Stauraum und dienen als Halterung für Solarpanels

Holzofen

Traditionell und bewährt ist der Einbau eines Holzofens. Er bringt eine gute Leistung, nutzt nachwachsenden Rohstoff, ermöglicht je nach Modell Licht und Kochmöglichkeit und sorgt für Romantik. Natürlich benötigt man für ihn genügend Platz, einen Kamin und eine Abnahme durch einen Fachmann. Aber der Aufwand kann sich lohnen.

Mehr Platz mit der Dachbox

Alles ist gepackt, aber der Stauraum reicht bei Weitem nicht? Oder die Camping- und Sportausrüstung ist noch nicht mit an Bord? Weiteren Stauraum bietet eine Dachbox. Diese kann an der Reling, auf Dachträgern, einem Schwerlastträger oder je nach Box auf dem Auto selbst montiert werden.

Eine Dachbox bietet sich vor allem für größere und leichte Gegenständen an. Vorteil ist der zusätzliche Stauraum. Nachteile sind die zusätzliche Höhe und der höhere Spritverbrauch des Autos. Außerdem wirft die Dachbox ggf. einen Schatten auf Solarzellen auf dem Dach. Temporär installierte Dachboxen müssen nicht von TÜV abgenommen werden, aber laut Paragraf 22 StVO gesichert werden.

TIPP

Auf der Dachbox können flexible Solarzellen installiert werden. So ist die Dachfläche mehrfach nutzbar. Der Winkel der Box muss nach der Sonne ausgerichtet werden.

Nice to have

Fahrradträger

Je größer das Reisemobil, desto schwerer ist es zu fahren und man lässt es lieber an Ort und Stelle stehen. Da bieten sich Fahrräder an, um die Umgebung zu erkunden oder um Besorgungen und Einkäufe zu erledigen. Transportieren kann man sie mithilfe eines Fahrradträgers, den es auch speziell für Campingmobile gibt.

Fahrradträger auf dem Dach sind eine kostengünstige Alternative, außerdem kann das Rad nicht so leicht gestohlen werden. Allerdings erfordert es Kraft, die Räder auf das Dach zu hieven, und der Wagen verbraucht mehr Sprit.

Fahrradträger am Heck bestechen durch das einfache Handling; der Spritverbrauch bleibt gleich und man kann die Anhängerkupplung weiterhin nutzen. Ein Nachteil ist, dass die Fahrräder leichter gestohlen werden können. Auch wird es schwieriger, die Heckklappe zu öffnen.

Kupplungsträger sind Fahrradträger für die Anhängerkupplung. Sie sind einfach und schnell zu montieren, das Fahrverhalten des Autos verändert sich ebenso wenig wie der Spritverbrauch. Die zulässige Stützlast des Fahrzeugs bzw. der Anhängerkupplung darf nicht überschritten werden. Vorsicht ist daher besonders bei schweren E-Bikes geboten.

> **TIPP**
>
> Bei Wohnmobilen können die Fahrradträger am Heck montiert werden. Dort sind sie windgeschützt, leicht zu erreichen und nicht im Weg.

Deichselträger für Wohnwagen haben den Vorteil, dass man die Anhängerkupplung weiterhin nutzen kann und die Heckklappe frei zugänglich bleibt. Wichtig ist es, die zulässige Stützlast nicht zu überschreiten. Der Träger sollte darüber hinaus ein TÜV-Siegel oder ein GS-Zertifikat besitzen und für Deutschland zugelassen sein.

Rangierhilfe für Wohnwagen

Empfehlenswert bei größeren Wohnwagen oder für Best Ager ist ein Mover, auch Rangierhilfe genannt. Mover treiben die Reifen eines Wohnwagens durch einen Elektromotor an. Gesteuert wird das Ganze bequem per Fernbedienung oder App. Neuere Modelle verfügen zusätzlich über eine Bremse, die den Wohnwagen bei Steigung oder Gefälle anhält.

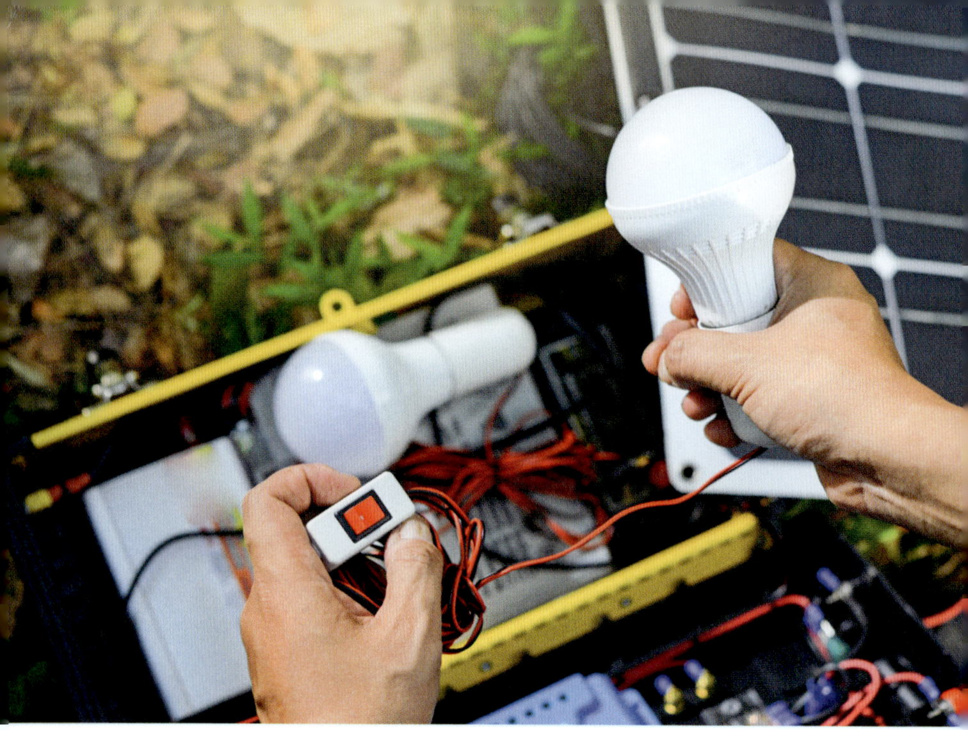

LICHT UND STROM – NATÜRLICH UND ENERGIESPAREND

Wer nicht immer nur im Einklang mit der Natur leben und seinen Rhythmus der Sonne anpassen möchte, für den führt kein Weg an einer künstlichen Lichtquelle vorbei. Das ab Werk vorhandene Innenlicht eines Campingmobils kann ungemütlich sein oder sich an der falschen Stelle befinden. Steht man nicht auf dem Campingplatz oder nutzt den dort verfügbaren Strom nicht, belastet künstliches Licht zudem die Autobatterie. Um dem Abhilfe zu schaffen, gibt es verschiedene Licht- und Stromquellen.

LICHTQUELLEN

Licht schenkt Leben und Wärme und ist gerade beim Campen in der Natur unverzichtbar. Zusätzlich zu dem Licht, das ein Fahrzeug bereits hat, gibt es viele Möglichkeiten, die Nacht zu erhellen.

Unverzichtbar ist eine LED-Taschenlampe, die auch gern klein sein und am Schlüsselbund hängen darf. Mit einer LED-Stirnlampe sieht man zwar wie ein Forscher aus, sie ist aber äußerst hilfreich, da man beide Hände frei hat, um zu arbeiten. Egal wohin man auch schaut, das Sichtfeld ist hell erleuchtet. Gerade für Camper im Zelt, die keine Außenbeleuchtung haben, sich nachts im Freien aufhalten und dort ein Lagerfeuer machen, ist die Stirnlampe sehr hilfreich.

Praktisch sind auch LED-Campinglampen für den Tisch. Es gibt tolle Modelle, die sich wie eine Ziehharmonika zusammenfalten lassen und das Licht bündeln können. Diese Lampen können auch als Taschenlampe genutzt werden.

LED-Werkstattlampen leuchten sehr hell, sind handlich und lassen sich dank der Magnethalterung einfach am Reisemobil befestigen. Mit einer LED-Lichterkette für den Innenraum oder den Vorplatz des mobilen Zuhauses zaubert man eine angenehme Atmosphäre. Auch die gute alte Sturmlampe gibt es in neuer LED-Aufmachung mit USB-Anschluss.

Last but not least: Nichts geht über eine Kerze in einem Glas. Aber Vorsicht: Offenes Feuer darf niemals unbeaufsichtigt brennen!

Warmweißes Licht taucht den Camper abends in eine angenehme Atmosphäre und unterstützt den natürlichen Biorhythmus. Kaltweißes Licht hält uns wach.

Achten sollte man beim Kauf auf LED-Lichter, denn diese brauchen im Vergleich zu herkömmlichen Glühlampe 80 bis zu 90 Prozent weniger Energie.

TIPP

Der Verschleiß an umweltschädlichen Batterien ist bei batteriebetriebenen Leuchtmitteln hoch. Das lässt sich durch einen USB-Anschluss und/oder ein Solarmodul vermeiden. Man sollte das Licht nur aufladen, wenn es schwach wird. Batterien werden in vielen Ländern leider nicht extra entsorgt.

KAUFTIPP

Sehr gute Erfahrungen haben wir mit faltbaren Campinglampen von Suaoki gemacht. Unsere Lampen scheinen wasserfest und unkaputtbar zu sein, laden sich selbst über ein Solarpanel auf, sind erschwinglich und hell. Was will man mehr? Leider leuchten sie nur kaltweiß.

TIPP

Wer ein soziales Projekt unterstützen möchte, sollte sich die Solarlampen des dänischen Künstlers Olafur Eliasson ansehen. Er produziert kleine Solarlampen „Little Sun“ und finanziert mit einem Teil des Erlöses Solarlampen. Diese spendet er Menschen, die von Energiearmut betroffen sind. Die Solarlampen schenken Schulkindern und geflüchteten Menschen, die keinen Zugang zu Strom haben, fünf Jahre zusätzliches Licht und Lernzeit. Weitere Informationen über das Projekt findet man im Internet. www.littlesun.com

Darüber hinaus ist die Lebensdauer von LED-Lampen mit 15 000 bis 50 000 Stunden sehr hoch, eine vergleichbare Halogenlampe kommt auf eine Lebensdauer von 2 000 bis 4 000 Stunden. Dafür lohnt sich der höhere Kaufpreis.
Im Vergleich zu Glüh- und Halogenlampen produzieren LED-Lichter keine Wärme und sind stoßfest, zwei weitere Vorteile für das mobile Zuhause. Und noch eine interessantes Feature: LED-Lampen kann man hervorragend über USB-Anschluss mit Solarmodul aufladen. So verzichtet man auf Batterien und kann die Sonne nutzen. Gerade für Wanderer und Fahrradfahrer ohne dauerhaften Stromzugang ist das ideal.

STROM – REGENERATIV ODER HERKÖMMLICH?

Kommen wir im wahrsten Sinne des Wortes zu einem brandheißen Thema. Denn die Installation der elektrischen Komponenten ist nicht ungefährlich. Baut man sein Mobil selbst aus, sollte man sich für die Planung und den Einbau unbedingt einen Fachmann an die Seite stellen. Fehler in der Dimensionierung und der Verkabelung können schwerwiegende Folgen haben! Eine Entscheidung sollte man aber schon im Vorfeld treffen. Denn wer weitgehend autark reisen möchte, sollte sich unbedingt Gedanken über eine Solaranlage machen.
Durch eine Solaranlage ist man unabhängig, kann lange an einem Ort verweilen, ohne die Autobatterie durch Fahren aufladen zu müssen. Außerdem spart man auf vielen Campingplätzen bares Geld, da Strom manchmal extra berechnet wird.
Je nach Art der Campingreise und des mobilen Zuhauses eignen sich unterschiedliche Typen von Solarzellen.

Portable Solarzellen

Direkt am Campingort werden portable Solarzellen herausgeholt und in die Sonne gestellt. Sie können jederzeit im Winkel

Portable Solarpanels machen Camper unabhängig von Stromnetzen

von 90 Grad zur Sonne ausgerichtet werden und holen somit das Maximum aus der Sonneneinstrahlung heraus. Es gibt sie in verschiedenen Größen und Leistungen.

Für Zeltreisende bieten sich besonders kleine Solarmodule mit integriertem Solarladeregler an. Diese haben einen oder mehrere USB-Anschlüsse und eignen sich hervorragend zum Laden von kleineren Geräten wie Handys, MP3-Playern oder Action Cams. Glücklicherweise verfügen die meisten Geräte heutzutage über einen USB-Anschluss. Soll der Strom gespeichert werden oder auch nachts Strom zur Verfügung stehen, kann man einfach eine Powerbank an das Solarmodul anschließen.

Auch für Reisemobile gibt es die passenden portablen Solarzellen. Mit diesen Solarzellen kann man im Schatten parken, während die Solarzelle in der prallen Sonne steht. Wir haben beispielsweise eine 7-Watt-Solarzelle. Zusammengefaltet ist sie kleiner als ein Taschenbuch. Damit laden wir täglich unsere Musikbox, die bei uns in der Sonne im Freien steht.

Für Oldtimer, an denen man kaum Veränderungen vornehmen darf, oder für Camper, die ihr Reisemobil nicht dauerhaft mit einer Solarzelle bekleben oder diese aufwendig montieren wollen, sind portable Solarzellen die optimale Lösung.

Allerdings muss man sich immer darum kümmern, die Zellen zu verstauen und so Diebstahl vorzbeugen, wenn man gerade nicht an seinem Reisemobil oder Zelt ist. Je nach Stellplatz kann es auch nicht möglich oder sehr schwierig sein, die Solarzelle auszupacken. Dann kann man die Solarzelle zur Not hinter die Windschutzscheibe legen, sofern das Mobil in der prallen Sonne steht.

Stationäre Solarzellen

Fest auf dem Dach eines Reisemobiles montiert sind stationäre Solarzellen. Diese müssen nicht bei jedem Stellplatzwechsel ein- und auspackt werden. Die Diebstahlgefahr sinkt aufgrund der Montage und Höhe. Die Batterien werden auch während der Fahrt, beim Einkaufen und beim Stadtbesuch aufgeladen. Um Solarenergie zu erzeugen, muss das Reisemobil aber direkt in der Sonne geparkt werden. Dies wird oft das auschlaggebende Kriterium bei der Stellplatzsuche.

Weiter unterscheidet man zwischen herkömmlichen und flexiblen Solarzellen. Die **herkömmlichen Solarzellen** sind mehrere Zentimeter dick und werden auf einem speziellen Dachgestell fest montiert. Unter den Solarzellen muss etwas Platz gelassen werden, damit sie lüften können und effektiver arbeiten. Sie sind vergleichsweise günstig in der Anschaffung. Die Montage des Dachgestells und der Solarzellen ist aber aufwendig und unterscheidet sich je nach Beschaffenheit des Reisemobiles: Sind Dachreling oder eine Aufnahme bereits vorhanden? Oder muss das Dachgestell womöglich noch angeklebt werden?

Alternativ gibt es etwas teurere **flexible Solarzellen**. Sie sind wenige Millimeter dünn und lassen sich etwas biegen. Sie werden mit einem Montagekleber auf dem Dach verklebt. Ihre Montage ist damit viel einfacher als bei den herkömmlichen Solarzellen. Sie sind für einen Passanten kaum zu sehen und eignen sich damit für Reisemobile, die nicht als solche zu erkennen sein sollen. Ist das Dach bereits mit einer Dachbox oder Ähnlichem belegt, so kann die flexible Solarzelle einfach darauf verklebt werden. Bei unserem Pick-up-Camper sind die Solarzellen fest auf dem Dach verklebt. Da wir auf jedes bisschen Solarstrom angewiesen sind, wählen wir am Zielort im-

mer den Platz mit der längsten Sonneneinstrahlung aus. Das ist mitunter gar nicht einfach und während man sich an heißen Tagen nach schattenspendenden Bäume sehnt, müssen wir sie meiden. An solchen Tagen wäre eine portable Solarzelle ein wahrer Segen!
Und noch ein Tipp: Man kann die Vorteile portabler und stationärer Solarzellen verbinden, indem man ein spezielles Dachgestell erwirbt, bei dem es möglich ist, die stationäre Solarzelle abzunehmen. Die Kabel müssen entsprechend lang sein und beim stationären Gebrauch sicher verstaut werden. Zur Diebstahlsicherung sollten die Solarzellen abschließbar sein. Sie sind bestenfalls auf einem Gestell montiert, um den Winkel einfach an den Sonnenstand anpassen zu können (sowohl auf dem Dach als auf dem Boden).

Die Dimensionierung der Solaranlage
Die benötigte Leistung der Solaranlage hängt von vielen Faktoren ab: dem Verbrauch, der Jahreszeit und dem Reiseland. Die Entscheidung sollte letztlich auch vom verfügbaren Budget abhängig gemacht und die Solaranlage lieber etwas größer dimensioniert werden. Um die richtige Solaranlage zu kaufen, sollte man sich von einem Fachmann beraten lassen.

GUT ZU WISSEN

Monokristalline Solarzellen besitzen einen höheren Wirkungsgrad als polykristalline Solarzellen bei geringfügig höheren Anschaffungskosten. Die Spannung der Solarzelle muss höher sein als die der Batterie. Für ein 12-Volt-System werden meistens 18-Volt-Solarzellen verwendet.

WICHTIG

Beratung, Installation und der Anschluss von Solarzellen sollte von einem Fachmann vorgenommen werden.

Die Wahl der richtigen Batterie
Der gewonnene Strom aus der Solaranlage muss für die spätere Benutzung gespeichert werden. Bei den Kleinanlagen für Zeltreisende wird der Strom direkt über USB im Handy oder einer Powerbank gespeichert. Im Reisemobil muss zusätzlich mindestens eine Batterie verbaut werden. Auf keinen Fall darf die Starterbatterie aus dem Motorraum für die Solaranlage genutzt werden. Denn ist diese leer, springt der Motor nicht an! Die Größe der Batterie ist von dem Typ und Verbrauch abhängig und sollte zur Solarleistung passen. Auch hier wieder empfehlen wir, sich von einem Fachmann beraten zu lassen.

CAMPER-STECKBRIEF

ROUVEN

Alter: 31 Jahre
Instagram: @rustytravels
Unterwegs seit: März 2019
Ausgaben pro Monat: ca. 400–500 €
Autoname: Joe
Marke: American Schoolbus / International
Baujahr: 1990
Anschaffungskosten: 5 000 $
Seitdem reingesteckt: 11 000 $
Vorteile dieses Mobils: Supergeräumig, gemütlich, Bodenfreiheit, für einen Schulbus sehr wendig
Nachteile dieses Mobils: Große Höhe, sehr schwer und langsam, hoher Dieselverbrauch

Was hat dich zum Reisen motiviert?

Das erste Mal auf einer Langzeitreise war ich 2008/2009, bei meinem Work & Travel-Jahr in Australien. Ich lernte Backpacker kennen, die sich ein Auto gekauft haben, und fand diese Art zu Reisen superinteressant. Später habe ich mir dann selbst das erste Mal einen Van angeschafft und Blut geleckt. Kleines Bett hinten rein, genug Stauraum für Surfbretter und los ging der Traum – Freiheit in Australien.

Welches ist dein Lieblingsland und warum?

Australien hat mich sehr beeindruckt, und auch die Tour durch Mexiko mit meinem Schulbus hat mir hammermäßig gefallen. Ich bekomme von vielen Ländern einfach einen tollen Eindruck und dadurch hat irgendwie jedes Land für sich etwas ganz Besonderes. Außerdem sollte so ein Lieblingsland super Wellen haben – dann kommt es bei mir in den engeren Kreis.

Wie lange oder oft reist du?

Zu Zeiten meines Studiums habe ich jede Semesterferien genutzt, um zu verreisen. Seitdem ich mit meinem Studium fertig bin, reise ich in Vollzeit. Deutschland habe ich im Juni 2018 verlas-

sen und komme nur für sechs Wochen über Weihnachten nach Deutschland, um meine finanziellen Mittel wieder aufzustocken.

Wie würdest du deinen Reisestil beschreiben?

In erster Linie ist mein Reisestil geprägt von einem Low-Budget-Lifestyle. Ich persönlich bin gern in Orten „off the beaten path" und lerne dort Menschen kennen, die fernab der Mainstream-Orte leben. Dieser Kulturaustausch gibt mir besonders viel und ich habe das Gefühl, dass ich hierdurch meinen Horizont sehr stark erweitere. Ganz salopp gesagt bin ich ein klassischer Langzeit-Vanlifer und Aussteiger aus der gesellschaftlichen Norm.

Ich habe mich für dieses mobile Zuhause entschieden, … weil ich genug Platz haben wollte, um meine Freunde einladen zu können.
Das Vehikel ist besonders geeignet, … wenn es regnet und man viel Platz braucht, um Spiele zu spielen oder Netflix zu gucken.
Die nächste Reise … würde ich mit einem Truck Camper unternehmen, weil der Bus schon in manchen Situationen zu groß ist.

Wozu möchtest du die Leser motivieren?

Tut bitte einfach genau das, was für euch das Richtige ist. Mein Weg ist sicherlich nicht für jeden etwas und es gehört eine Menge Mut dazu, seiner Heimat auf diese Weise den Rücken zu kehren. Aber ich denke, man sollte es bei dem geringsten Gefühl von Reiselust einfach mal ausprobieren. Und wenn es einem nicht gefällt, kann man jederzeit wieder nach Hause zurück.

Wie lautet dein Motto?

Ich weiß gar nicht, ob ich ein richtiges Motto habe, aber ich denke, ich habe lieber weniger und lebe meinen Traum, als dass ich in einem Nine-to-five-Job stecke und im Hamsterrad gefangen bin.

REISEVORBEREITUNGEN

»
Das Leben ist eine Reise.
Nimm nicht zu viel Gepäck mit.
«

Billy Idol

WER REIST, MUSS PLANEN – DOKUMENTE, MEDIEN UND SICHERHEIT

Das mobile Zuhause ist gekauft, den individuellen Wünschen angepasst und so gut wie startklar für die Reise. Doch bevor es losgeht, sind noch einige Reisevorbereitungen zu treffen. Dokumente müssen überprüft werden, Kleidung zusammengestellt, Freizeitvergnügen durchdacht und die Versicherungspolicen für Krankheit und Campingmobil kontrolliert werden. Damit der Urlaub unbeschwert wird.

PERSONALAUSWEIS ODER REISEPASS

Die EU gewährt Campern viele Freiheiten. Für Reisen innerhalb der EU reicht für EU-Bürger ein gültiger Personalausweis. Auch Schweizer benötigen für Reisen in der EU kein Visum, ein gültiger Reisepass oder eine gültige Identitätskarte reichen aus. Wer ins außereuropäische Ausland reisen will, benötigt einen Reisepass. Er wird in der Gemeinde- oder Stadtverwaltung des Wohnortes ausgestellt. Mitbringen muss man einen Ausweis, den alten Reisepass oder Kinderreisepass oder unter Umständnen eine Geburtsurkunde. Fehlen darf auch nicht ein biometrisches (!) Passfoto.

Beantragt man zum ersten Mal einen Reisepass, können weitere Unterlagen erforderlich sein, daher sollte man sich im Vorfeld in der Gemeinde- oder Stadtverwaltung des Wohnortes bzw. beim zuständigen Bürgerbüro informieren.

WICHTIG

Das Ausstellen von Pässen und Ausweise kann bis zu acht Wochen dauern. Beantrage die Papiere daher rechtzeitig!

Für Deutschland gilt, dass jeder Reisepass das Eigentum der Bundesrepublik ist. Daher müssen alte Reisepässe abgegeben werden. Wenn man darum bittet, wird er entwertet und man darf ihn behalten. Im Reisepass werden alle Grenzübertritte im außereuropäischen Ausland vermerkt, und so ist er eine schöne Erinnerung.

Auch Kinder müssen sich ab ihrer Geburt bei Reisen ins Ausland ausweisen. Hierzu kann bis zum Alter von zwölf Jahren ein Kinderreisepass beantragt werden. Auch für Kinder ab sechs Jahren benötigt man ein biometrisches Passbild, vorher genügt ein einfaches Bild. Am besten informiert man sich bei der zuständigen Behörde. Der Pass wird direkt ausgestellt, ist sechs Jahre gültig und kann verlängert werden. Mit Vollendung des zwölften Lebensjahres benötigt das Kind dann einen Personalausweis (innerhalb der EU) oder Reisepass.

INTERNATIONALER FÜHRER- UND FAHRZEUGSCHEIN

Reist man außerhalb der EU und des Europäischen Wirtschaftsraumes (EWR), benötigt man neben dem Originalführerschein einen internationalen Führerschein, der zusätzlich zum Originalführerschein mitgeführt werden muss. Seine

Gültigkeit beträgt drei Jahre. Beantragt wird er beim Straßenverkehrsamt gegen Vorlage des Führerscheins sowie eines aktuellen Passfotos.

Will man mit einem in Deutschland zugelassenen Reisemobil außerhalb Europas die Straßen unsicher machen? Dann benötigt man einen internationalen Zulassungsschein für das Fahrzeug. Dieser ist nur in Kombination mit der Zulassungsbescheinigung Teil 1 gültig und verfällt nach maximal einem Jahr. Ausgestellt wird das Dokument bei der Kfz-Zulassungsstelle.

TIPP

Der Reisemobilvermieter weiß, ob man einen internationalen Führerschein für das Zielland benötigt.

Auch hier gilt wieder: Man sollte sich rechtzeitig vor Reiseantritt bei den zuständigen Behörden informieren, damit ausreichend Zeit bleibt, die notwendigen Unterlagen zu beantragen.

VERSICHERUNGEN

Wer kennt es nicht? Man ist im Urlaub und möchte etwas Neues ausprobieren. Sei es Wildwasserrafting, Wandern, Surfen oder Reiten. Sind in Deutschland die Sicherheitsvorkehrungen sehr penibel, können diese je nach Reiseland etwas weniger streng genommen werden als in der Heimat. Hinzu kommen das andere Klima, zahlreiche neue Speisen und Hygiene- und Umweltbedingungen, an die sich der Körper gewöhnen muss. Nicht selten ist man vom Arbeitsalltag noch so gestresst, dass sich die zahlreichen Überstunden Bahn brechen. Kurz: Man wird krank oder verletzt sich.

Um in diesen Fällen gut versorgt zu werden, sollte man mit seiner Krankenkasse vor der Reise klären, ob und wie lange man im Ausland versichert ist. Vorübergehende Auslandsaufenthalte innerhalb der EU sind in der Regel bis zu sechs Wochen von der gesetzlichen Krankenkasse versichert.

Zusätzlichen Schutz bietet eine **Reisekrankenversicherung**. Dabei unterscheiden sich die Angebote je nach Reisedauer und Reiseziel erheblich. Alle Versicherungen sollten bei Krankheit oder Unfällen während der Reise zuverlässig schützen und unterstützen.

Eine gute Reisekrankenversicherung übernimmt die Kosten für Krankenrücktransporte, ambulante Behandlungen durch einen Arzt, ärztlich verordnete Arzneimittel oder Heilbehandlungen, stationäre Versorgung im Krankenhaus, Unfall (Rettungs- und Bergungskosten) sowie eine Überführung im Todesfall.

WICHTIG

Eine gute Reisekrankenversicherung sollte eine 24-Stunden-Notfall-Hotline haben.

Wichtig ist, genau zu überprüfen, was nicht versichert ist (z. B. psychoanalytische oder psychotherapeutische Behandlungen, Bandscheibenvorfälle, Unfälle durch Trunkenheit, Krieg oder Unruhen etc.). Ist die Deckungsbeschränkung hoch genug? Die Kommunikation mit der Versicherung sollte stets schnell und klar sein, auch im Vorfeld eines Abschlusses. Wenn man das Gefühl hat, dass das Angebot nicht transparent ist, sollte man sich noch andere Anbieter anschauen.
Gibt es Angebote für Paare und Familien, wie z. B. ein Rücktransport der Kinder bei Unfall des Alleinerziehenden? Aufpassen muss man auch bei Altersbeschränkungen und beim Ausschluss einzelner Staaten.

AUTOVERSICHERUNGEN

In Deutschland und Österreich ist die Kfz-Haftpflicht verpflichtend, in der Schweiz die Motorfahrzeughaftpflichtversicherung. Unbedingt empfehlenswert ist es, eine Kaskoversicherung abschließen. Ob man zudem eine Voll- oder Teilkaskoversicherung abschließen möchte, muss jeder für sich entscheiden. Die Beitragshöhe hängt ab von der Höhe der Selbstbeteiligung im Schadensfall. Daher muss man die verschiedenen Varianten unbedingt vor Abschluss durchspielen.

INFO

Mietwohnwagen und -wohnmobile sind fast immer durch eine Vollkaskoversicherung abgesichert. Auch Wohnmobile, Wohnwagen und Faltcaravans müssen haftpflichtversichert werden.

Die **Grüne Versicherungskarte** ist der international gültige Nachweis, dass eine ausreichende Haftpflichtversicherung besteht. Es ist ratsam, sie im Ausland immer dabeizuhaben, auch wenn in den Ländern der EU inzwischen ein gültiges Kennzeichen als Nachweis gewertet wird. Auf der Grünen Versicherungskarte stehen Angaben zum Mobil, der Versicherung, Adressen und Telefonnummern für Notfälle sowie die Gültigkeit der Versicherung und deren Geltungsbereich.

Für Camper gibt es spezielle Anbieter. Die **Teilkaskoversicherung** haftet in der Regel bei Diebstahl, Brand, Explosion, Schäden bei Kurzschluss, Bruch von Glas und Elementarschäden (z. B. Hagel, Blitz, Sturm, Schaden durch Marder, Kollision mit Tieren etc.).

Die **Vollkaskoversicherung** deckt zusätzlich zu den Leistungen der Teilkasko meistens auch Schäden durch Vandalismus, Fährtransporte (Verlust des Fahrzeugs, Stranden, Untergang etc.) und Unfälle (selbst- oder mitverschuldet) ab. Beim Abschluss sollte man auf die Höhe der Selbstbeteiligung und auf die Deckungssummen für Glasschäden (häufige Schäden), Fahrer (Sind alle Fahrer mitversichert?) und Länderbeschränkungen (Ist das Zielland mitversichert?) achten.

Hagelschäden zählen zu den häufigsten Schäden bei Wohnmobilen. Bei GFK-Dächern bieten manche Versicherungsanbieter Rabatte aufgrund deren Unempfindlichkeit an.

TIPP

Versicherungen gelten oft nur für Reisen in Europa und für wenige an den Mittelmeerraum angrenzende Länder. Möchte man weiter fort, ist eine Versicherung von Deutschland aus häufig nicht möglich und muss in den jeweiligen Ländern als Grenzversicherung abgeschlossen werden. Man sollte sich gut informieren, welche Länder diese einschließt und die Versicherung gegebenenfalls bitten, das Zielland für eine begrenzte Zeitdauer mit aufzunehmen.

Innerhalb Europas bietet sich ein **Schutzbrief** an, damit bei Pannen, Unfällen oder Bergungen geholfen wird. Abschleppdienste und ein Mietwagen beim Ausfall des Fahrzeuges sowie die Kosten von Übernachtungen aufgrund von Pannen und notfalls ein Fahrzeug- oder Krankenrücktransport sind im Idealfall ebenfalls Leistungen eines Schutzbriefes.

Eine **Inhaltsversicherung** ist beim Campen das Pendant zur Hausratsversicherung. Sie versichert bewegliche Dinge wie Smartphones, Computer und Kameras, die sich im Inneren befinden, bis zu einer gewissen Summe gegen Diebstahl, Brand, räuberische Erpressung, Unfälle oder Überschwemmungen. Um im Schadensfall alle Informationen zur Hand zu haben, notiert man sich die Gerätenummern der elektrischen Geräte.

Mietet man einen Wohnwagen, decken Urlaubsschutzpakete die häufigsten Schäden ab. Mit ihnen kann ein Teil der Kaution und des Eigenanteils im Schadensfall erstattet werden. Außerdem schließen viele Pakete eine Reiserücktrittsversicherung und einen Mietausfall sowie eine Inhaltsversicherung ein. Eine **Haftpflichtversicherung** ist oft auch im Ausland gültig und übernimmt entstandene Kosten bei Reisen oder längeren Auslandsaufenthalten bis zur vereinbarten Deckungssumme. Wichtig ist, sich vor Reiseantritt bei der Versicherung zu erkundigen, ob und inwiefern sie die Reise abdeckt.

TIPP

Wer noch keine Haftpflichtversicherung abgeschlossen hat, sollte sich erkundigen, ob man sich über eine andere Person im gemeinsamen Haushalt mitversichern kann. Dies ist bei Familien und Lebenspartnern oft möglich.

IMPFSCHUTZ

Je nach Reiseziel sollten besondere Impfvorkehrungen getroffen werden, informieren kann man sich hierzu auf der Seite des Tropeninstituts. Eine frühzeitige Planung ist bei den Impfungen wichtig, da ein ausreichender Impfschutz Teilimpfungen im Abstand von mehreren Wochen und damit Zeit benötigt. Prüfen sollte man zunächst, ob der Impfschutz für Diphterie, Tetanus, Kinderlähmung und Keuchhusten aufgefrischt werden muss. Das Tropeninstitut empfiehlt zusätzlich zur Grundimmunisierung für Fernreisen Impfungen gegen Typhus, Hepatitis A und B, Tollwut, Japanische Enzephalitis, Gelbfieber und Cholera. Wenn es möglich ist, kann man eine reisemedizinische Beratung, z. B. durch das Tropeninstitut oder einen reisemedizinisch fortgebildeten Arzt in Anspruch nehmen. Diese findet man für Deutschland, Österreich und die Schweiz im Centrum für Reisemedizin (CRM).

Mückenschutz ist in außereuropäischen Ländern oft auch Gesundheitsschutz

MÜCKENSCHUTZ

Gerade wenn man in ferne Länder reist, muss man sich darüber im Klaren sein, dass es schwere Krankheiten gibt, gegen die es keinen Impfschutz gibt. Dazu gehören Malaria, das Denguefieber, das Zika-Virus oder die Schlafkrankheit. Die meisten dieser Krankheiten werden durch Stechmücken übertragen.

TIPP

Bewährt hat sich bei uns ein Repellent auf Basis von Lemon-Eukalyptusöl. Dieses Spray wird auf pflanzlicher Basis hergestellt und vertreibt Stechmücken relativ zuverlässig über acht Stunden. Auch Neem-Spray ist zu empfehlen, bestenfalls gemischt mit Citronella, um den Eigengeruch für uns Menschen zu überdecken. Neem darf im Gegensatz zu fast allen anderen Repellenten auch bei Hunden angewandt werden.

Helfen kann hier eine medikamentöse Prophylaxe oder die klassische Methoden, sich vor Mückenstichen zu schützen, die Expositionsprophylaxe: ohne Stich keine Infektion! Man kann Stiche vermeiden, indem man lange, helle, stichfeste Kleidung trägt und die Kleidung mit geeigneten Insektensprays imprägniert. Außerdem ist es ratsam, mückenabweisende Sprays, sogenannte Repellents, auf die Haut aufzutragen, die Morgen- und Abenddämmerung im Freien zu meiden und Mückennetze anzubringen, wo immer es geht. Auch an stehenden Gewässer sollte man sich nicht aufhalten, sie dienen als Brutstätten; Insektenspiralen oder -kerzen helfen ebenfalls gegen Stechmücken.

GELD / KREDITKARTE

Früher war eine Reise innerhalb Europas immer spannend: Man musste bei der Bank Devisen eintauschen, sich mit den fremden Geldscheinen vertraut machen oder mit Travellerschecks bezahlen. Die Zeiten sind heute (fast) vorbei. Das Geld kommt weltweit aus Automaten, und Fremdwährungen gibt es in der EU nur noch wenige.

INFO

Wo in der Europäischen Union der Euro nicht gilt: Bulgarien, Dänemark, Kroatien, Polen, Rumänien, Schweden, in der Tschechischen Republik und Ungarn.

Eine **Kreditkarte** bietet sich im Ausland an, um einfach zu zahlen. In einigen Fällen kann man im (außereuropäischen) Ausland kostenlos Geld abheben und/oder bargeldlos bezahlen. Sinnvoll ist es zudem, mindestens zwei Karten verschiedener Banken mitzunehmen, falls eine gestohlen oder eingezogen wird. Um Missbrauch vorzubeugen, behält man seine Karte beim Zahlen immer im Auge, hebt Bargeld ab, zahlt damit und überprüft seinen Kontostand regelmäßig. Falls die Karte gestohlen wird oder Unregelmäßigkeiten auf dem Konto zu sehen sind, muss die Karte gesperrt und eine neue Karte oder Ersatzkarten mit begrenzter Gültigkeit bestellt werden.

CAMPER-STECKBRIEF

JULIA & DANIEL

Wodurch wurdet ihr zum Reisen motiviert?

Wir sind schon immer gern und oft gereist. Ob mit dem Flugzeug oder dem eigenen Wohnwagen, auch mit eigenen Kindern sollte das so bleiben. Mittlerweile haben wir drei Kleinkinder und sind immer noch gern und oft unterwegs. Wir haben schnell gemerkt, dass das Campen mit drei Kleinkindern viele Vorteile hat. Die frische Luft, die Nähe zur Natur, Platz für die Kinder zum Toben.

Wie würdet ihr euren Reisestil beschreiben?

Das Campen bietet uns die Möglichkeit, vieles von zu Hause mitzunehmen. Und das ist nicht nur im materiellen Sinne gemeint, sondern auch in Form von Strukturen, Abläufen und Gewohnheiten. Kinder brauchen diese Konstanten, ansonsten kann es im Urlaub auch schnell mal sehr anstrengend werden.

Was ist überflüssiger Ballast in eurem Gepäck?

Den gibt es nicht. Im Wohnwagen hat man immer alles dabei und kann überall Halt machen, ganz nach Lust und Laune der Kinder und natürlich auch der Eltern. Im Campingurlaub ist man flexibel, sei es bei der Anfahrt, beim Essen oder beim Schlafen. Gewohnheiten und Alltagsroutinen von zu Hause können problemlos beibehalten werden.

Wie lautet euer Motto?

Urlaub heißt für uns Tapetenwechsel, Sport machen oder auch einfach nur Zeit haben für die Kinder. Wir können uns mit unseren Kindern den Tag völlig selbstbestimmt gestalten. Wir essen, wenn wir Hunger haben, wir schlafen, wenn wir müde sind. Gerade mit Kleinkindern, die ihren eigenen Tagesrhythmus haben, ist das optimal.

ICH PACKE MEINEN KOFFER UND NEHME MIT …

Endlich geht's ans Eingemachte! Das Fahrzeug ist ausgesucht und steht vor der Tür, alle Dokumente liegen bereit und jetzt muss gepackt werden. Was braucht man und was ist unnötiger Ballast? Welche Kleidung ist geeignet, sollte man spezielles Geschirr mitnehmen? Die Basisausstattung steht in den Checklisten im Anhang, doch je nach Mobil, Reiseziel und Reisepartner hat jeder unterschiedliche Bedürfnisse: Fernseher oder Tablet? Buch oder E-Book?

MEDIKAMENTE UND REISEAPOTHEKE

Um im Urlaub kleine Blessuren und Erkrankungen behandeln zu können, ist eine gut ausgestattete Reiseapotheke mit einem Grundstock an Medikamenten die beste Vorsorge. Denn nicht immer findet man schnell eine Apotheke. Wie sieht es in der Hausapotheke aus? Denn was zu Hause hilft, hilft auch in der Fremde. Eine Übersicht über wichtige Medikamente haben wir in einer Checkliste zusammengestellt, sie befindet sich im Anhang. Die Autofahrer sollten das Ablaufdatum des Erste-Hilfe-Kastens im Auto überprüfen.

Träger weicher Kontaktlinsen benötigen ein hochwertiges Linsenmittel, Peroxidlösung, was sie bereits in ausreichender Menge in Deutschland kaufen sollten. Oft ist es schwierig, in abgelegenen und ländlichen Regionen einen Optiker oder eine Apotheke zu finden, die die passende Lösung vorrätig hat. Unproblematischer zu säubern sind harte Kontaktlinsen. Sie haben kein Ablaufdatum und werden mit Wasser gereinigt. Die Anschaffung ist aber teuer und gerade wenn man an das Tragen weicher Kontaktlinsen gewöhnt ist, ist der Umstieg auf harte Kontaktlinsen sehr schwer.

VORSICHT!

Im Auto können die Temperaturen bereits bei Außentemperaturen von 24 Grad innerhalb von 30 Minuten auf 40 Grad und mehr steigen. Medikamente müssen immer an einem kühlen Ort gelagert werden, um deren Wirksamkeit nicht zu gefährden!

KLEIDUNG

Beim Campen benötigt man eher robuste und praktische als schicke Kleidung. Oft tendiert man dazu, zu viel einzupacken, doch das merkt man meistens erst später. Denn oft trägt man nur, was bequem ist. Was ist also wirklich notwendig? Am besten ist Kleidung, die man oft und gern trägt. Je nachdem, wie oft man waschen möchtet, sollte man genügend Unterwäsche und Socken einpacken. Schuhe braucht man zwei bis drei Paar: Flipflops oder andere Badeschlappen – auch für fremde Duschen und kurze Wege zur Toilette – und feste gemütliche Schuhe, bestenfalls mit viel Halt an der Sohle für Wanderungen und Touren durch Stadt und Land.

TIPP

Keine weiße Kleidung mitnehmen; sie wird schnell schmutzig und lässt sich selten gut reinigen.

Ein heißer Tipp: Eine Mütze schützt auch im Sommer vor Wind und Kälte. Vor allem wenn man abends schwimmen oder surfen war, wird man die Wärme zu schätzen wissen. Hosen sind praktischer als Röcke, denn sie wehen bei Wind nicht hoch und man kann bequem auf dem Boden oder Campingstuhl sitzen. Unbedingt zu empfehlen ist ein Sonnenhut oder eine Schirmmütze und eine Sonnenbrille mit mit möglichst hohem Sonnenschutz, beim Kauf unbedingt auf den Filter „UV400" oder die Bezeichnung „100 Prozent UV-Schutz" achten.

Keep warm

Viele Camper zieht es vor allem in südliche Regionen. Aber gerade der Norden Europas hat einiges zu bieten und ist auch rechtlich ein wahres Camperparadies, wenn man im Biwak oder Zelt unterwegs ist. Ein heißer Tipp bei kühlen Temperaturen sind Thermoleggins, Loopschal und Nierengürtel. Damit man bei den kühleren Temperaturen keine kalten Füße bekommt, helfen die guten alten Wollsocken. Wenn alle Kleidungsstücke aus hochwertigen Materialien bestehen, ist man auf der sicheren Seite.

TIPP

Wärmeflasche mitnehmen! Denn so manches Reisemobil ist schlecht isoliert und wird sofort wieder kalt, sobald die Heizung aus ist.

Eine Bekannte von uns zeltete im August und September in Island und Norwegen. In der Nähe des Polarkreises war es nachts so kalt, dass ihr Zelt von außen gefror. Wenig verwunderlich, dass sie auf hochwertige Marken schwört. Ihre Daunenjacke wiegt gerade mal 200 Gramm und hält sehr warm! Und auch die teureren Seidenschlafsäcke kann sie nur empfehlen. Die halten warm oder kühlen, je nach Bedarf. Darüber hinaus sind sie handlich, da klein und leicht.

UNVERZICHTBAR BEIM ZELTEN: SCHLAFSACK UND ISOMATTE

Nicht fehlen dürfen beim Zelten natürlich der Schlafsack und die Isomatte oder Luftmatratze. Bei der Isomatte ist der Name Programm: Sie isoliert, hält also Kälte fern, was gerade in kühlen Gegenden unverzichtbar ist. Außerdem glättet sie den Untergrund. Wenn man sich auf dem Markt umsieht, wird man schnell feststellen, dass die Auswahl riesig ist.

Auch beim Schlafsack gibt es tausende Optionen: vom dünnen Seidenschlafsack für Hygiene und leichten Schutz in lauen Sommernächten bis hin zum dicken Daunenschlafsack für frostige Übernachtungen im Gebirge oder kalten Regionen. Sowohl für Isomatte und Schlafsack gilt: Das Fachgeschäft des Vertrauens berät und hat bestimmt eine gute Auswahl, damit man sich die Materialien anschauen kann.

Qualitativ hochwertige Schlafsäcke sind leicht und bieten hohen Schlafkomfort

GESCHIRR – HALTBAR UND FALTBAR

Kauft man sich für den Trip neues Geschirr, sollte man darauf achten, dass es stabil und bruchsicher ist. Denn Camper sind in Bewegung. Egal ob zu Fuß, mit dem Rad oder im Reisemobil. Da scheppert und klirrt es. Alu oder Edelstahl brechen bei der Schotterpiste nicht. Eine gute Alternative – wenngleich aus Kunststoff – ist langlebiges Campinggeschirr aus Melamin oder Polypropylen.

Wichtig ist auch, dass das Geschirr leicht und platzsparend ist. Jedes Gramm, das man bei der Zuladung, und jeder Zentimeter, den man an Stauraum sparen kann, ist Gold wert. Verzichten sollte man der Umwelt zuliebe auf Plastik und Einweggeschirr und stattdessen rostfreie Materialien verwenden. Wichtig ist, dass die Produkte als BPA-frei gekennzeichnet sind.

Zum Backen kann man einen Topf mit Deckel nutzen, den man aufs Feuer oder die Flamme stellt. Zwar hat damit jeder Kuchen und jedes Brot Fladenform und wird nach der Hälfte gewendet, aber der Geschmack ist gut.

Wasserfilter bieten sich für Reisen in Länder an, in denen das Leitungswasser keine Trinkwasserqualität hat. Jedoch müssen die Filter gewechselt werden, manchmal gelangt man nur schwer an Ersatzfilter. Wir nutzen den sehr günstigen Wasserfilter von Sawyer. Er lässt sich mechanisch reinigen und ist außerdem leicht in Gewicht und Anwendung. Damit eignet er sich auch hervorragend für Camper mit Zelt. Wir sind jedenfalls begeistert!

UNTERHALTUNG

Langeweile auf Reisen? Gibt's eigentlich nicht, oder doch? Gegen Langeweile kann man einiges unternehmen: Strände erkunden, Sport machen, Spielen, Schreiben, Zeichnen oder Lesen. Ganz abgesehen davon, dass doch eher die Alltagsroutine langweilig werden kann, als täglich bis wöchentlich neue Orte, Tiere, Speisen zu entdecken und Menschen kennenzulernen.
Trotzdem ist es immer gut, für faule oder regnerische Tage oder auch für lange Abende ein paar Spiele dabei zu haben. Wer Platz hat, packt seine liebsten Brett- und Kartenspiele in zwei große Spielekisten oder in verschließbare Beutel, denn die Originalverpackungen nehmen viel Platz weg. Legt man den Inhalt und die Anleitungen zusammen, passen oft mehr als drei Spiele in einen Karton.
Natürlich dürfen auch die Sportgeräte nicht fehlen: Mit Joggingschuhen, Radträger und einer Dachbox voller Surfequipment ist man noch relativ flexibel, aber auch eine Frisbeescheibe, ein (kleiner) Ball oder Schnorchel und Taucherflossen nehmen nicht viel Platz weg.
Wer gern liest, für den ist ein E-Book-Reader ein heißer Tipp. Bücher sind zwar wunderbar, benötigen aber viel Platz. Mit dem E-Book-Reader kann man überall, wo es WLAN gibt, neue Bücher herunterladen. Hat man einen USB-Anschluss im Auto, kann der Reader auch leicht aufgeladen werden.
Elektronische Bücher sind nicht das richtige? Es geht eben doch nichts über das Aufschlagen eines echten Buches und den verheißungsvollen Duft von Papier? Dann kann man seine Bücher mit anderen Reisenden tauschen. Viele Campingplätze haben kleine Tauschbüchereien, in denen man sein Buch gegen ein anderes tauschen kann. Und es ist immer wieder spannend zu sehen, welche Bücher an welchen Orten gelesen werden.
Apropos Papier: Auf unseren Reisen darf ein Reisebuch nicht fehlen! Darin werden Pflanzen und Konstruktionen gezeichnet, Vokabeln notiert, Ausgaben festgehalten und, und, und. Solche Notizbücher können nach der Reise zu einer schönen

SPARTIPP

Wer Geld sparen möchte, dem legen wir die Mitgliedschaft in mindestens einer Bücherei nahe. Dort hat man optimalerweise Zugriff auf deren Onlinebibliothek. Wir nutzen hauptsächlich dieses Angebot.

Erinnerung werden und als gute Information für die nächste Reise dienen.
Hörbücher und Musik sind für lange Fahrten sehr zu empfehlen und ein paar Filme kann man sich für schlechtes Wetter mitnehmen Es ist aber auch schön, eine Weile ohne auszukommen. Der Fernseher darf bei vielen Reisenden nicht fehlen, ebenso wie Tablet, Smartphone oder Laptop.

TIPP

Je nach Land verwehrt so manche Mediathek leider den Zugriff.

INTERNET, TELEFON UND MEDIEN

Im digitalen Zeitalter kommen wir ohne Technik nicht mehr aus. Oder denken es zumindest. So mach einer ist schon eine weite Strecke zurückgefahren, um sein Smartphone zu holen. Was man auch braucht, denn die Anzahl der öffentlichen Telefonzellen wird immer weiter reduziert. Daher ist es umso schöner, dass die Roaminggebühren innerhalb der EU abgeschafft wurden. In der gesamten EU kann man ausgehenden SMS und mobiles Internet zum gleichen Tarif wie in Deutschland nutzen. Sobald man die Grenze passiert, bekommt man eine SMS mit den aktuellen Gebühren und Tarifen. Aber Vorsicht: Man muss sich immer vor Ort nach den aktuellen Bedingungen erkundigen. Um immer online zu sein, kann man Prepaidkarten gekoppelt mit einem Lastschriftverfahren nutzen oder sollte im Voraus für ein ausreichendes Guthaben sorgen.
Im außereuropäischen Ausland oder für lange Aufenthalte innerhalb eines Landes bietet es sich an, eine Prepaid-SIM-Karte zu kaufen und einen Internettarif abzuschließen. So kann man über E-Mail, WhatsApp, Messenger oder Skype schreiben, telefonieren oder Videokonferenzen schalten. Das ist gerade für Freelancer wichtig, die online auf der ganzen Welt arbeiten können. Die besten Konditionen kann man am besten direkt vor Ort erfragen. Geht das Guthaben zur Neige, gibt es verschiedene Anbieter (z. B. recharge.com), über die man sein Guthaben gegen eine geringe Gebühr aufladen kann.

» Ich reise niemals ohne mein Tagebuch. Man sollte immer etwas Aufregendes zu lesen bei sich haben. «

Oscar Wilde

APPS

Natürlich gibt es zahlreiche Apps, die das Reisen erleichtern und auch keinen zusätzlichen Platz, außer Speicherplatz, benötigen.

Navigation und Übernachtung

Here WeGo oder *Maps.Me* sind Alternativen zu *Google Maps*, bei denen man sich die Karten verschiedener Orte und Länder herunterladen kann. Die kostenpflichtige App *CoPilot* ist für Reisemobile optimiert. Bei dieser App gibt man Maße und Gewicht des Mobils ein und bekommt daraufhin nur jene Routen angezeigt, für die das Mobil zugelassen ist. Für Städtetrips bietet *citymaps2go* eine gute Karte, die neben Stadtplänen – die offline laufen – auch Insidertipps zur Verfügung stellt und ermöglicht, die persönlichen Favoriten zu markieren.

Park4night oder *iOverlander* sind Apps, die wir besonders empfehlen. Auf ihnen ist eine einfache Version einer Landkarte dargestellt, die von jedem Mitglied mit Hinweisen versehen werden kann. Darauf haben andere Reisende strategische Punkte eingetragen und kommentieren diese. Hier sieht man beispielsweise mögliche Schlafplätze zum Campen oder Wildcampen, deren Ausstattung (Trinkwasser, Strom, Toilette etc.) und gegebenenfalls deren Preis. Auch Gas- und Tankstellen, Sehenswürdigkeiten, (Tier-)Ärzte und Warnungen werden hier verzeichnet sowie das Vorgehen beim Passieren von Grenzen beschrieben.

TIPP

Die Routenplaner von Michelin oder vom ADAC ermöglichen auf der Homepage eine gute Planung, da anfallende Mautgebühren, Spritkosten, Dauer und verschiedene Strecken anzeigt werden.

Camping- und Stellplätze sind auf Apps von *camping.info*, *campercontact* oder dem *ADAC Camping- und Stellplatzführer* verzeichnet. Über eine Karte oder einen Filter kann man die Plätze suchen, sieht Kommentare und Bewertungen. Als Camper mit körperlicher Einschränkung helfen alle genannten Apps bei der Vorauswahl, deren Filter man bezüglich sanitärer Anlagen einstellen kann.

Landvergnügen kombiniert Kultur und Campen in Deutschland. In Katalog und App sind über 800 Weingüter, Imker, Bauernhöfe und weitere Einrichtungen verzeichnet, welche autarkes Campen auf ihrem Grundstück für Mitglieder kostenfrei ermöglichen. Das ist tolle Möglichkeit, um Kultur und Natur hautnah zu erleben, in die Abläufe auf den Höfen zu schnuppern und den Gaumen mit regionalen Spezialitäten zu verwöhnen.

Sicherheit und Information

Sicher Reisen vom Auswärtigen Amt gibt Tipps für die Reisevorbereitungen, nennt die Adressen der deutschen Vertretungen im Ausland und veröffentlicht aktuelle Informationen zu Reise- und Sicherheitshinweisen.

Kostenpflichtige Lebensretter (für Alleinreisende) können die Apps *EmmA „Ereignis melden mit App“* oder *Tomatomedical* werden. EmmA informiert im Vorfeld ausgewählte Kontakte im Notfall per Knopfdruck. So werden Arzt, Feuerwehr und ausgewählte Personen in der nächstgelegenen Rettungsleitstelle per Fax informiert. Tomatomedical speichert alle Gesundheitsdaten gut gesichert online in einer Cloud und ermöglicht die Vernetzung und den schnellen Zugriff auf persönliche medizinischen Informationen. Tritt ein Notfall ein, sendet die App eine SMS samt Aufenthaltsort an die Notrufzentrale. Zudem gibt es eine Totmannschalter-Funktion, die aktiviert werden kann: Wird das Smartphone über einen bestimmten Zeitraum nicht bewegt, wird ebenfalls eine Notrufzentrale alarmiert.

Suche mein Arzneimittel zeigt Wirkstoffe und Stärke des gesuchten Medikaments aus dem Heimatland an und listet passende Optionen und Namen dieses Medikaments im Zielland auf.

Zoll und Reise hilft als App des Bundesministeriums für Finanzen gegen böse Überraschungen beim Überqueren von Landesgrenzen. Denn dort wird aufgelistet, welche Güter verboten sind und welche Mengenbeschränkungen bei Genussmitteln gelten.

Die App *Reiseinfo* von Dethleffs bietet bei Eingabe von Gewicht des Reisemobils und Zielland spezifische Informationen über

Moderne Routen-Apps weisen nicht nur den Weg, sondern zeigen auch, wo Campingplätze sind

die dortige erlaubte Höchstgeschwindigkeit des Fahrzeugs, zulässige Fahrzeugabmessungen, Gasversorgung und noch vieles mehr an.
Die Höhe des täglichen Kraftstoffpreises im Vergleich kann man über die *Tankstellen App* des ADAC einsehen. Und sich so im Vorfeld informieren, in welchen Ländern und an welchen Tankstellen auf dem Weg sich ein Halt lohnt.
Reichen unsere Checklisten im Anhang nicht aus, dann sind die Apps *Camping (Check)List* oder *PackPointPackliste* interessant. Geldapps, egal ob für TAN-Verfahren oder die Kontoübersicht, oder aber ein Kostenkalkulator für das Reisen mit mehreren Personen können helfen, die Übersicht zu behalten.

Sprache und Unterhaltung

Google Übersetzer ist gerade in Ländern mit anderen Schriftsystemen hilfreich, da per Fotoübersetzung auch Straßenschilder, Preise und Speisekarten übersetzt werden können.
Sprachlern-Apps wie *Duolingo* oder *Babbel* machen fit für die Landessprache. So oder so können wir jedem nur nahelegen, wenigstens die wichtigsten Worte der Landessprache wie Hallo, Bitte, Danke, Entschuldigung, Macht nichts, auf Wiedersehen sowie die Zahlen und Richtungen zu lernen. Mit einem Basiswortschatz von bereits hundert Wörtern kann man den meisten Kommunikationen inhaltlich folgen. Wenn das nicht motiviert!

» Eine Sprache zu sprechen bedeutet eine Welt, eine Kultur zu übernehmen. «

Frantz Fanon

Kostenlose Hörbücher gibt es beispielsweise bei *LibriVox*. Mit *Tolino* oder anderen Anbietern kann man E-Books auf dem Handy lesen.
Interessante Infos für Camper bieten diverse Survivor-Apps, die zeigen, wie man ohne Feuerzeug Feuer macht, Schlingen legt, Brüche schient etc. Auch Knoten-Apps sind nützlich, um sein Wissen zu erweitern.
Darüber hinaus gibt es viele interessante Apps, die man vielleicht bereits im Alltag verwendet: Kochapps wie *Chefkoch*, *Vegetarische Rezepte* und Wetter-Apps sind quasi unverzichtbar für Outdooraktivitäten und Apps zur Pflanzenbestimmung zeigen, wie unbekannte Pflanzen und Blumen heißen. Fehlen noch Sport- und Spiele-Apps und man ist bestens gerüstet!

SATELLITENSCHÜSSELN

Satellitenschüsseln gibt es als tragbare oder fest installierte Versionen

Viele Wohnmobile haben eine Satellitenschüssel auf dem Dach und einen Bildschirm im Inneren. Mit dieser Kombination muss niemand – auch nicht auf langen Reisen – auf die Lieblingssendung oder die Nachrichten verzichten. Einem Grillnachmittag zur Fußball-WM auf dem Campingplatz steht damit nichts mehr im Wege! Fehlt die SAT-Anlage, so kannt man diese selbst nachrüsten.

Manuelle SAT-Anlagen sind günstiger, aber aufwendiger in der Handhabung, da die Satellitenschüssel manuell eingestellt und ausgerichtet werden muss. Dazu bietet sich als Extra ein SAT-Finder an, um den Satelliten zu finden. Vollautomatische SAT-Anlagen führen die Ausrichtung und Suche automatisch durch.

Bei Antennen kann man zwischen vier Optionen wählen:

Tragbare Antennen sind klein, leicht, günstig und sehr flexibel. Am Zielort angekommen nimmt man sie aus dem Koffer und baut sie auf. Allerdings hat sie nur eine geringe Reichweite.

Flachantennen haben einen geringen Platzbedarf und bieten daher kaum Angriffsfläche für Wind. Ihre Reichweite ist mittel bis hoch. Ebenso verhält es sich mit dem Komfort. Daher ist sie für Reisen in Mitteleuropa für Camper interessant, die ab und an mal fernsehen und lange an einem Ort bleiben.

Kuppelantennen haben ebenfalls einen geringen Platzbedarf, allerdings kann man sie nicht einfahren. Ihr Komfort ist hoch, die Reichweite mittel, Empfang ist sogar während der Fahrt möglich. Diese Variante empfiehlt sich für offene Gebiete.

Parabolantennen sind die klassischen Satellitenschüsseln. Reichweite, Komfort, Platzbedarf und ihr Preis sind hoch. Sie eignen sich für Vielfahrer mit hohem Fernsehbedarf und aufgrund der hohen Reichweite für Fernreisende.

Eine Alternative zum Fernseher sind die Mediatheken der Sender, die man per Internet streamen kann – wenn das WLAN-Netz des Platzes nicht überlastet ist.

SICHERHEIT BEIM FAHREN UND SCHUTZ BEIM CAMPEN

Sicherheit spielt beim Campen eine wichtige Rolle. Dabei geht es nicht nur um Diebstahlschutz, sondern auch um Sicherheit während der Fahrt. Wichtig ist ein solider Umbau des Fahrzeugs und das richtige Beladen des Mobils. Informiert man sich im Vorfeld gründlich und trifft Vorkehrungen, erhöht man die Sicherheit für sich und Mitreisende. Maßnahmen zum Schutz vor Einbrüchen und Diebstahl sind oftmals einfacher umzusetzen als gedacht.

SICHERES REISEN DURCH SICHERES BELADEN

Alle Siebensachen sind gepackt und nun soll der Camper beladen werden? Wie viel davon man mitnehmen kann, muss man aber erst ermitteln. Helfen wird dabei das Wissen um die zulässige Zuladung. Die Zuladung ist die Differenz zwischen der Leermasse des Mobils / des Wohnwagens und der zulässigen Gesamtmasse. Alles, was man ins Mobil einlädt, von Mitfahrern über Essen und Sportgeräten bis hin zu Kleidung und Vorräten, zählt zur Zuladung.

MERKE

Zulässige Gesamtmasse – Leermasse = Zuladung

Im Fahrzeugschein ist unter den Ziffern G und F1 die Leermasse des Mobils eingetragen. Beim Wohnwagen wird die „Leermasse in fahrbereitem Zustand" angegeben. Dies beinhaltet in der Regel das Eigengewicht, einen zu 90 Prozent gefüllten Frischwassertank, eine 11-kg-Gasflasche aus Alu sowie eine Kabeltrommel. Im Zweifelsfall sollte man beim Hersteller nachfragen, da die Inhalte variieren.

Wohnmobile haben darüber hinaus einen zu 90 Prozent gefüllten Diesel- oder Benzintank und teilweise Ersatzteile und -räder, Werkzeug und einen Feuerlöscher an Bord. Auch hier gilt es, sich zu erkundigen. Vorsicht: Nicht immer stimmen diese Angaben mit dem realen Gewicht überein! Bei Überladung werden Bußgelder und Punkte in Flensburg fällig. Und die Überladung muss vor der Weiterfahrt entsorgt werden.

Wichtig ist nicht nur, wie viel Zuladung man einpacken darf, sondern auch, wo man diese verstaut. Schwere Ladung sollte möglichst tief und in der Nähe der Achsen verstaut werden.

Die Achslast, Ziffer 8 im Fahrzeugschein, nennt das Gewicht, das auf und in der Nähe der Achsen verstaut werden darf. Seitlich auf den Reifen findet man einen Code, der unter anderem deren Tragfähigkeit angibt. Auch diese darf man nicht überschreiten. Bei dieser Gelegenheit sollte man direkt Alter, Zustand und Profiltiefe der Reifen prüfen.

Wenn man einen Anhänger zieht, sollte man zudem dessen Eigengewicht sowie die zulässige Gesamtmasse beachten.

» Abenteuer ohne Risiko ist Disneyland. «

Doug Coupland

Auch die Stützlast, also das Gewicht, das maximal auf der Anhängerkupplung liegen darf, sollte nicht überschritten werden. Die Anhängelast (Ziffern 0 und 13) informiert darüber, wie viel Gewicht das Zugfahrzeug ziehen darf.

VORSICHT

Ist ein Wohnwagen oder Anhänger überladen, kann er ins Schlingern geraten. Dies vermeidet man bei richtiger Beladung durch ein entspanntes Tempo und Beachtung des Windes. Antischlingerkupplungen sowie Anti-Schleudersysteme sind technische Hilfsmittel, die fast jeder Wohnwagen mittlerweile hat.

Ein Wohnmobil ist durch seine häufig geringe Zuladung durch den großzügigen Stauraum dazu prädestiniert, überladen zu werden. Vor allem die Heckgarage verführt zu einer Sammlung des Gewichtes an dieser Stelle. Das kann fatale Auswirkungen haben.

SICHER UNTERWEGS

Als wir in Spanien unterwegs waren, trafen wir auf eine lustige Gruppe von Vanreisenden und schlossen uns ihnen an. Wir verbrachten drei wunderbare Wochen gemeinsam und fühlten uns sehr gut aufgehoben. Wo auch immer wir waren, mindestens eine Person war am Camper und man achtete aufeinander. Das wurde uns besonders nach dem gemeinsamen Trip bewusst. Denn kaum hatte sich ein Pärchen für eine individuelle Weiterreise verabschiedet, wurde bei ihnen eingebrochen. Hier bietet sich möglicherweise eine Inhaltsversicherung an.
Auf jedem Parkplatz warnen Schilder: „Lass keine Wertsachen im Auto." Was aber, wenn das Auto mein Zuhause ist? Und ich keine andere Option habe, als meine Wertsachen im Auto oder gar Zelt zu lassen? Wir haben ein paar Tricks gesammelt, wie man seine Reise und das Campingmobil sicherer gestaltet.

VERWIRREN UND VERSTECKEN

Der falsche Geldbeutel

Üblich unter Campern ist es, einen „falschen" Geldbeutel ins Handschuhfach zu legen. Darin befindet sich ein abgelaufener Ausweis, eine abgelaufene Kreditkarte und etwas Bargeld. Denn der Täter hat wenig Zeit und wird sich nicht die Ablaufstempel ansehen. Sieht er einen Geldbeutel, geht er hoffentlich davon aus, bereits Beute gemacht zu haben und sucht nicht so intensiv nach dem echten.

Wertpapiere an verschiedenen Stellen verstecken

Man liest es immer wieder und wir setzen es jedes Mal aufs Neue um: Gerade Pässe, Kreditkarten, Impfausweis und andere wichtige Dokumente sind flach und lassen sich leicht verstecken. Oder man löst ein Brett in der Wandverkleidung und klebt etwas dahinter. Der Fantasie sind keine Grenzen gesetzt. Bereits beim Umbau kann man Verstecke für Laptop und Kamera einplanen. So sind die Geräte bei einem Einbruch nicht so leicht zu finden.

Kleine Tricks reichen oft, um sich vor Dienstahl zu schützen

(Digitale) Kopien anfertigen

Gerade von wichtigen Dokumenten sollte man zur Sicherheit Kopien anfertigen und verstecken.

KREDITKARTENDATEN UND GELD

Zur Sicherheit sollte man mindestens zwei Kreditkarten von verschiedenen Banken mitnehmen. Auf unserer Reise verwenden wir mittlerweile vier Kreditkarten: Eine Karte ist zwischenzeitlich abgelaufen, eine ging kaputt, eine nutzen wir und eine dient uns als Reserve. Je seltener man seine Kreditkarte nutzt, desto besser. Wir heben lieber viel Bargeld ab und zahlen damit. Die Karte wird direkt nach der Nutzung wieder versteckt. Der größte Teil des Geldes auch. Je seltener man die Karte nutzt, desto unwahrscheinlicher ist es, dass die Daten missbraucht werden.

Seine Kreditkarte sollte man nie aus der Hand geben und auch nicht aus den Augen lassen. Ratsam ist es auch, die mobile TAN für das Onlinebanking auf mehreren Geräten zu aktivieren. Unsere Bank bietet diesen Service an und ich hätte ihn wirklich gern genutzt, als mein Handy samt installierter Bank-App kaputtging.

Wo immer es geht, sollte man sein privates Datenpaket nutzen und öffentliche WLAN-Netze meiden. Gerade wenn es um sensible Daten geht, vermeiden wir öffentliche Netzwerke. Die Möglichkeit, dass dort auf persönliche Daten zugegriffen wird, ist höher als bei einem privaten Datenpaket oder verschlüsseltem Internet.

CAMPER TUNING – NICHT NUR GEGEN LANGFINGER

Alarmanlagen sollen Diebe durch laute Geräusche abschrecken und ggf. per Signal über den Einbruch informieren. Entweder ist sie bereits installiert oder man rüstet sie nach.

Deichselschloss oder **Radkralle** sind mechanischen Systeme und verhindern das Entfernen des Wohnwagens oder Reisemobils und bieten eine optische Abschreckung. **Gaswarner** alarmieren durch einen schrillen Signalton vor austretendem Gas der Gasanlage oder aber auch vor sogenanntem „Narkosegas", mit welchem Einbrecher Fahrzeuginsassen betäuben, um sie dann auszurauben.

Notausgänge findet man selten. In unserem Camper gibt es eine Klappe über dem Bett. Sie heißt „Escape Hatch". Sollte irgendwer ein- oder ein Feuer ausbrechen, können wir durch diese Klappe aufs Dach klettern und von dort entkommen.

Türsicherungen und **verstärkte Fensterprofile** kann man im Fachhandel kaufen, der spezielle Schlösser, Bügel oder Sperrstangen anbietet, um den Zugang zum Reisemobil zu sichern und Diebe abzuschrecken. **Totschalter** im Reisemobil einbauen ist unser heißer Tipp. Martin hat vor unserer Abreise einen sogenannten Totschalter in den Bus eingebaut. Er unterbricht das Zündsignal, ist er aktiviert, startet das Auto nicht. Dieser Totschalter bietet sich für jedes Reiesegefährt an, egal ob man mit Auto und Wohnwagen oder einem Wohnmobil unterwegs ist. Denn ein Dieb muss den Schalter erst finden und deaktivieren. Das ist aufwendig und kostet Zeit. Ein **scheinbarer Wachhund / scheinbare Alarmanlagen** haben eine abschreckende Wirkung. Dafür reichen einfache Warnsignale und eventuell ein Bewegungsmelder mit Lautsprecher und Hundegebell.

ALLGEMEINE VERHALTENSREGELN

Ganz wichtig ist es, sich **niemals ganz abseits zu stellen.** So schön es auch sein mag, allein an einem Strand zu campen, in der Gruppe ist es einfach sicherer. Oder aber man parkt so, dass man von der Straße aus nicht gesehen werden kann und möglichst niemand weiß, wo man ist.

Problematisch ist es auch, seinen aktuellen Standort auf Instagram zu posten. Manch einer hat ein großes Kommunikationsbedürfnis und will allen Freunden auf Instagram mitteilen, wie genial der aktuelle Stellplatz ist. Am besten mit Live-Standort oder einer Drohnenaufnahme? Das sollte man dringend überdenken. Es ist schon häufiger vorgekommen, dass Reisende unmittelbar nach dem Posting ihres abgelegenen Standortes überfallen und ausgeraubt wurden. Posts sollte man besser zeit- und vor allem ortsverzögert online stellen. Deshalb unser Tipp: **Niemals den aktuellen Standort auf Instagram posten!**

Um Langfinger nicht in Versuchung zu führen, sollte man **keine Wertgegenstände zeigen**. Oft sehe ich Reisende das Teleobjektiv auspacken oder mit dem Laptop draußen arbeiten. Ersteres lässt sich schwer vermeiden, letzteres machen wir nie. Jeder kennt die Situation, wenn man abends durch leere Straßen geht. Allein der Griff zum **Pfefferspray** reicht, um sich wohler zu fühlen. Studien belegen, dass Angriffe auch etwas mit der Ausstrahlung des Opfers zu tun haben. Wenn man sich sicherer fühlt, dann ist ein Pfefferspray vielleicht das richtige Mittel. Ob man im Ernstfall damit als ungeübter Laie aber vielleicht mehr Schaden anrichtest, als es nützt? Besonders bei einem bewaffneten Überfall sollte man sich nicht zur Wehr setzen! Pfeffersprays mit der Aufschrift (Tier) Abwehrspray fallen in Deutschland nicht unter das Waffengesetz und man darf sie kaufen und mit sich führen. Der Einsatz aus Notwehr ist gegen Mensch und Tier legal.

TIPP

Aufwendige und sichtbare Installationen wie eine Kamera signalisieren, dass sich im Inneren des Gefährtes etwas befindet, was den Schutz lohnt. Man sollte abwägen, ob ein aufwendiges und sichtbares Sicherheitskonzept das richtige ist.

Sein genaues Abreisedatum darf man nicht nennen, sondern sollte es weiter in die Zukunft verschieben und **bei den Zeitplanungen vage bleiben,** auch anderen Campern gegenüber. Es kann nicht schaden, wenn sich jemand in Ruhe auf einen Einbruch vorbereitet, man aber plötzlich früher abreist.

Abends muss man immer **alles einpacken und Fenster und Luken schließen**, denn Gelegenheit macht Diebe. Darum schließen wir unsere Räder und Surfbretter ab und packen alles nachts ein. Abschließend schließen wir die großen Fenster und Luken.

TIERISCH AUFREGEND – REISEN MIT HAUSTIEREN

Viele Camper haben einen Hund. Oder gehen viele Hundebesitzer campen? Wir sind uns nicht sicher. Auch Reisende mit Katzen, Meerschweinchen, Frettchen oder gar Pferden sieht man immer häufiger. Doch ob man mit seinem Haustier verreisen sollte, hängt vom Tier ab. Wenn dieses gern Auto fährt, jung ist, ein gutes Selbstvertrauen hat und man lange an einem Ort bleibt, kann der gemeinsame Urlaub unvergesslich werden. Bei labiler Gesundheit, älteren oder stressanfälligen Tieren sollte man es sich gut überlegen, ob man dem Vierbeiner eine Reise zumuten möchte.

CAMPEN MIT DEM VIERBEINER BIRGT VOR- UND NACHTEILE

Spaziergänge in der Natur, neue Freunde, Entdeckungen und Gerüche – Campen ist auch für Tiere wunderbar. Ist die Bezugsperson ständig dabei, können auch die Vierbeiner einen Urlaub in fremder Umgebung genießen.
Als Camper ist man beim Reisen mit Haustier aber oft eingeschränkt: Nicht auf jedem Campingplatz ist die Mitnahme geschweige denn das Laufen ohne Leine gestattet. In Nationalparks ist die Mitnahme von Tieren meistens an eine Leinenpflicht gekoppelt oder gar verboten. Allein in fremder Umgebung können die Tiere verängstigt, frustriert und gestresst werden. Katzen sind Streuner und können verloren gehen. Verhindern können das Halsbänder mit GPS-Ortung.

MIT VIERBEINERN AUF FERNREISEN

Reisen ist auf Dauer anstrengend für Haustiere. Standard, Ausrüstung und Wissen der Tierärzte ist je nach Zielland frustrierend. Ein stetiger Wechsel des Ortes und damit des Tierarztes erleichtert eine Diagnose oder Therapie nicht. Grenzübertritte und dafür nötige Gesundheitszertifikate kosten Geld. Um unseren Hund Mexi in die Heimat zu bringen, brauchen wir viel Zeit, Geld und Papierarbeit. Bei Reisen außerhalb Europas ist es daher wichtig, sich über die (Wieder-)Einreisebedingungen zu informieren.

REISEVORBEREITUNGEN

Ist der Entschluss gefasst, den Vierbeiner mitzunehmen, muss im Vorfeld recherchiert und geplant werden. Liegt das Ziel innerhalb der EU, kann man Hunde, Katzen und Frettchen bei eindeutiger Kennzeichnung mitnehmen. Diese bestand bis 2011 aus einer Tätowierung, seit Mitte 2011 muss den Tieren ein Mikrochip implantiert werden. Beide Kennzeichnungsnummern müssen im EU-Heimtierausweis eingetragen sein. Hier kann der Tierarzt helfen. Eine Impfung gegen Tollwut ist obligatorisch und muss spätestens drei Wochen vor der Reise innerhalb der EU durchgeführt und ebenfalls im Heimtierausweis eingetragen werden. Wie sieht es im Zielland mit den Vorschriften für eine Leinen- und/oder Maulkorbpflicht aus? Gerade an einen Maulkorb sollte das Tier bereits zu Hause gewöhnt werden.

Wichtig ist es auch zu wissen, ob es besondere Krankheiten im Zielland (z. B. Mittelmeerkrankheiten) gibt, auf die man vorbereitet sein sollte. Benötigt das Tier noch andere Impfungen und sind weiter Prohylaxe-Behandlungen (Parasiten, Herzwurm, Zecken, Stechmücken, etc.) sinnvoll? Unter Umständen sollte man mit seiner Versicherung über eine Tierhaftpflichtversicherung sprechen, auch Reiserücktrittsversicherungen fürs Haustier werden angeboten.

Ansonsten gelten ähnliche Tipps wie für uns Menschen: Es ist immer gut, die Nummer der nächstgelegenen Tierärzte und des Giftnotrufs parat zu haben. Auch die Nummer des Chips sollte man sich auf zwei Zetteln notieren und außer- und innerhalb des Campingmobils aufbewahren. EU-Heimtierausweis, eine Kopie der Tierhaftpflichtversicherung, ggf. Gesundheitszertifikat sowie Papiere, die man für die Einreisen benötigt (Gesundheitszeugnis, EU-Heimtierausweis etc.) müssen rechtzeitig zusammengestellt werden.

SICHER UNTERWEGS

Hunde sind Gewohnheitstiere und ein ständiger Ortswechsel ist anstrengend für sie. Etwa ein Sechstel aller Hunde vertragen das Autofahren nicht gut. Füttern sollte man sie daher etwa drei Stunden vor der Fahrt nicht mehr. Hunde werden als Ladung kategorisiert und müssen deshalb während der Fahrt ausreichend gesichert werden. Die sicherste Option, einen Hund zu transportieren, ist eine Transportbox, die mit Spanngurten befestigt wird, aber auch viel Platz benötigt. Außerdem kann das Tier nicht hinausblicken, was ängstliche Vierbeiner beruhigen kann. Vor Ort wird die Box zur Hundehütte und bietet einen bekannten Rückzugsort.

TIPP

Wir empfehlen eine Prise getrockneten Ingwer im Futter gegen Reiseübelkeit bei Hunden.

Spezielle Anschnallgurte für Hunde werden im PKW oder Campingmobil befestigt. Damit kann der Vierbeiner bei der Fahrt ganz vorne mit dabei sein und aus dem Fenster sehen. Allerdings schränken die Gurte die Bewegungsfreiheit des Tieres stark ein und deren Qualität schwankt beträchtlich. Eine wei-

Auch für Tiere ist eine neue Umgebung spannend

tere Option sind Individuelle Trenngitter, die ins Vehikel eingebaut werden. Wichtig ist, dass das Haustier im Vorfeld an seine Unterbringung und ans Fahren gewöhnt wird. Dafür kann es mit Box oder Gurt und dem stehenden Mobil vertraut gemacht werden. Nach der Eingewöhnung können schrittweise die ersten Testfahrten starten.

Auch im Mietsektor hat man sich auf Vierbeiner eingestellt und bietet speziell eingerichtete Reisemobile samt Transportmöglichkeit an.

Da Hunde nicht schwitzen können und Hitze nicht gut vertragen, ist das Fahren frühmorgens, abends oder nachts, wenn es kühler ist, angenehmer. Die Klimaanlage sollte moderat genutzt werden. Vorsicht! Auch im Reisemobil steigen die Temperaturen an einem sonnigen Tag schnell über 30 Grad und das Mobil wird durch einen Hitzestau oder bei kalten Temperaturen durch eine Kältebrücke zur tödlichen Falle für Tiere.

TIPP

Ein kühlendes Hundehalsband, ein Kühlbody, eine Kühlmatte (oder ein Pool vor Ort) können helfen, den Hund vor einem Hitzschlag zu schützen.

CAMPER-STECKBRIEF

7 AUF WELTREISE

Name: Familie von Oppen, 2 Erwachsene und 5 Kinder
Instagram: @7aufweltreise
Homepage: 7aufweltreise.de
Unterwegs seit: Juli 2018
Durchschnittliche Ausgaben: pro Monat 2 000 € unterwegs + 1 000 € Fixkosten in Deutschland
Marke: Mercedes Sprinter mit Dachzelten der Firmen iKamper und Campwerk
Baujahr: 2010
Anschaffungskosten: 16 000 € + 5 000 € für die Dachzelte
Seitdem reingesteckt: ca. 5 000 €
Vorteile dieses Mobils: perfekte Reisegröße für enge Straßenverhältnisse z. B. in Mittelamerika, keine Parkplatzprobleme, sehr zuverlässiges Reisemobil, Werkstätten weltweit verfügbar
Nachteile dieses Mobils: Aufgrund unserer Familiengröße können wir uns nur sehr erschwert alle im Auto aufhalten, folglich sind Regen und/oder Kälte logistisch und mental herausfordernd. Freies Stehen (autark, also ohne Campingplatzinfrastruktur) ist für mehr als zwei bis drei Nächte nicht möglich, die beiden Dachzelte haben den Belastungen unserer Langzeitreise nur bedingt standgehalten.

Was hat euch zum Reisen motiviert?

Mit dem Eintritt unseres ersten Kindes ins Schulalter war für uns als Großfamilie schnell klar, dass Camping die beste Lösung für den alljährlichen Sommerurlaub darstellt. So kauften wir uns einen Wohnwagen und reisten fortan damit im Sommer durch Europa. Bedingt durch verschieden Faktoren, wie fehlende Familienzeit, unsere Wohnsituation in Stuttgart oder die Starrheit des Schulsystems wuchs in uns Erwachsenen das Bedürfnis, das Hamsterrad zu verlassen und gemeinsam mit unseren Kindern auf Reisen zu gehen. So entstand die Idee unserer Weltreise mit Dachzelten, die wir im Sommer 2018 starteten.

Welches ist euer Lieblingsland und warum?

Die schönsten Länder unserer Weltreise waren Mexiko mit seiner unendlichen landschaftlichen, kulturellen und kulinarischen Vielfalt und Nicaragua mit seinen herzensoffenen Menschen. Überhaupt hat uns Mittelamerika wohl am meisten überrascht, weil das Bild von Ländern wie El Salvador, Guatemala oder eben Nicaragua eher negativ behaftet ist. Wir hatten in allen diesen Ländern nur positive Erlebnisse.

Wie lange oder oft reist ihr?

Bis 2018 sind wir als Familie klassisch einmal im Jahr für drei Wochen verreist, in der Regel in der Sommerzeit.

Wir haben uns für dieses mobile Zuhause entschieden, ... weil es für unsere Familie die perfekte Lösung war.

Das Vehikel ist besonders geeignet, ... wenn der Weg Teil des Ziels ist, die Straßen auch mal eng sind und man den Komfort des Reisens in einem Pkw bevorzugt.

Die nächste Reise ... würden wir wieder mit dem gleichen Fahrzeug (und neuen Dachzelten) unternehmen, weil uns die Flexibilität und die Zuverlässigkeit absolut überzeugt haben.

Wozu möchtet ihr die Leser dieses Buches motivieren?

Der entscheidende Schritt bei der Umsetzung eines Traums ist der erste Schritt, das Verlassen der Komfortzone. Alles Weitere geschieht im Vertrauen darauf, dass man zu jedem Zeitpunkt neue Entscheidungen treffen und so auf jede Situation reagieren kann.

Wie lautet euer Motto?

Der beste Plan bei einer solchen Reise ist, keinen Plan zu haben.

CAMPINGPRAXIS

»
Sobald sich meine Beine bewegen,
beginnen meine Gedanken zu fließen.
«

Henry David Thoreau

CAMPINGPLÄTZE, STELLPLÄTZE, WILDCAMPEN – DIE MISCHUNG MACHT'S

Wohin soll die Reise gehen? Der eine möchte am liebsten spontan losziehen und sehen, wohin es ihn verschlägt. Der andere entwickelt lieber einen Plan und bucht seine Plätze im Vorfeld. Campen wird imm beliebter. Deshalb sind gerade in der Hauptsaison Campingplätze schnell ausgebucht, bei Stellplätzen gilt: Weggegangen, Platz vergangen. Freies Stehen in der Natur, Wildcampen, ist in vielen Ländern verboten.

CAMPINGPLÄTZE

Campingplätze sind kostenpflichtige, umgrenzte Naturareale, die gleichermaßen von Zeltern, Wohnmobilisten und Wohnwagenfahrern genutzt werden. Mittlerweile bieten viele Betreiber Hütten, Campingfässer oder Mietwohnwagen an, sodass auch Urlauber ohne Campingausrüstung Platz finden. Neuester Trend ist das Glamping – Zelten und Campen bei gleichzeitig höchstem Komfort und Luxus. Campingplätze liegen oft in reizvoller Landschaft, wobei das Gelände durch Hecken oder Zäune abgegrenzt wird. An der Rezeption bekommt man eine Parzelle zugewiesen, die man sich aber fast immer vorher aussuchen kann. Während der Ferienzeiten ist es empfehlenswert, sich schon lange im Vorfeld einen Platz zu reservieren. Erst recht, wenn man in beliebte Urlaubsregionen reist und mehr als nur eine oder zwei Nächte bleiben will.

Allem voran bietet ein Campingplatz Sicherheit und Infrastruktur: Immer verfügt er über sanitäre Anlagen und Sanitärgebäude mit Spül- und Waschmöglichkeiten. Strom gibt es in Hülle und Fülle aus der Steckdose, also sollte man die Verlängerungskabel nicht vergessen. In Größe, Ausstattung und dementsprechend im Preis variieren Campingplätze sehr. Es gibt kleine, naturnahe Plätze, die nur wenig Infrastruktur, dafür aber Ruhe und Einfachheit bieten. Manche Campingplätze verbannen Autos gar auf extra Parkplätze, um auf dem Platz eine möglichst ruhige Atmosphäre zu schaffen. Eine Wohltat für Minimalisten. Doch auch wenn man Action und Luxus sucht, ist die Auswahl groß. Je nach Standard und Sternen bieten große Campinganlagen alles, was das Camperherz begehrt: einen kleinen Sportplatz, einen Laden, Restaurant oder Bar, morgens frische Brötchen und einen Pool, Disco, Kinderbetreuung, Animation, Wellnessbereich und Hundebad. Größtes Plus: Campingplätze liegen oft in bester Lage. Mit Glück erwischt man einen der begehrten Stellplätze direkt am Meer oder See.

> Für viele sogenannte **Snowbirds** ist ein Campingplatz im Süden ein zweites Zuhause. So manche Best Ager und Camper überwintern im milden Klima, bis es sie im Frühjahr zurück in die Heimat zieht. Wie die Zugvögel eben.

Auf Campingplätzen gibt es oft festen Ruhezeiten, während derer die Schranken geschlossen bleiben. Ansprechpartner finden sich aber in der Rezeption und eventuell beim Sicherheits-

personal vor Ort. Die Gesamtkosten setzen sich aus verschiedenen Teilkosten (für Reisemobil, Personen, Strom, Haustier) zusammen und liegen über denen eines Stellplatzes.
Vorteile des Campingplatzes sind der hohe Komfort durch die sanitären Anlagen sowie besondere Serviceangebote. Hat man als Gast Probleme, hilft die Campingplatzleitung weiter. Gerade für Familien mit kleinen Kindern sind Campingplätze etwas Wunderbares. Die Kinder können sich auf kleineren Plätzen frei bewegen und finden schnell Freunde, mit denen sie den Platz unsicher machen.
Nachteile sind die Kosten (im Schnitt 30 Euro für eine dreiköpfige Familie in Deutschland) und die zunehmende Notwendigkeit, Plätze lange im Voraus reservieren zu müssen. Spontane Trips in beliebte Urlaubsregionen sind während der Ferienzeiten kaum mehr möglich.
Natürlich unterscheiden sich Campingplätze stark. So ist unser Luxuscampingplatz in Marokko nähe Marrakesch kaum zu vergleichen mit dem Party-Abi-Campingplatz in Zarautz, Spanien. Je nach Budget, Ausstattung und Lage locken die Campingplätze unterschiedliches Klientel an.

FAZIT

Wer Komfort und einen guten Service sucht, lange an einem Ort bleiben und dort sein Camp aufschlagen möchte, für den ist ein Campingplatz bestens geeignet. Gerade für Familien bietet er sich als Basis an, um von dort aus Touren zu unternehmen oder die Anlagen und Angebote des Platzes zu nutzen. Will man Ruhe und einen idyllischen Stellplatz mit Schatten, dafür keine feiernden Jugendcliquen, dann sollte man bei der Wahl des Platzes genau hinschauen.

ÖFFENTLICHE STELLPLÄTZE FÜR WOHNMOBILE

Das Übernachten auf öffentlichen Stellplätzen, die nur über wenig Infrastruktur verfügen, dafür aber maximale Flexibilität bieten, wird immer beliebter. Nicht umsonst finden sich im Internet und auch in den Buchhandlungen Stellplatzführer großer Automobilclubs, die detaillierte Informationen in ganz Europa anbieten. Stellplätze bieten sich zur Übernachtung von

Wohnmobilen auf der Durchreise an und sind nicht mehr als ein Parkplatz für wenige Nächte. Sie werden von Städten und Gemeinden oder von Privatanbietern gestellt. Eine Übernachtung ist nur manchmal kostenlos, aber im Vergleich mit Campingplätzen relativ günstig. In der Regel gibt es einen Frisch- und Abwasserbereich, teilweise Strom und sanitäre Anlagen.
Eine Reservierung ist nicht nötig, man kommt an, sucht sich einen Platz und bezahlt (an einem Automaten). In Größe, Ausstattung und dementsprechend Preis variieren Stellplätze. Generell jedoch gilt: Das Wohnmobil kann abgestellt werden, der Platz dient aber nicht zum Campen, das bedeutet, das Aufbauen von Vorzelten und häusliche Einrichten ist fast immer untersagt.
Vorteile des Stellplatzes sind die geringen Kosten, die hohe Flexibilität durch das Kommen und Gehen und die fehlende Reservierung. Es gibt kaum Regeln und Einschränkungen (z. B. Hunde sind meistens erlaubt).
Was des einen Vorteil, ist des anderen Nachteil: Denn ohne Vorausbuchungen kann es passieren, dass alle Stellplätze belegt sind und man weiterziehen muss, um einen Platz für die Nacht zu finden. Zudem ist der Komfort gering und bei Problemen hat man keinen Ansprechpartner vor Ort.

FAZIT

Stellplätze eignen sich für Wohnmobilfahrer, die einige Tage während des Roadtrips Halt machen wollen. Sie bieten sich oft aufgrund ihrer Nähe zu Städten für Sightseeingtouren an.

WILDCAMPEN

Gibt es mehr Freiheit, als sein Lager aufzuschlagen, wo man möchte? Morgens vom Zwitschern der Vögel geweckt zu werden und gleich in den See zu springen, der sich direkt vor der Nase erstreckt? Sich umzublicken, den Sonnenaufgang zu beobachten, tief einzuatmen und festzustellen: Ja, ich bin allein in diesem Paradies auf Erden?
Wildcampen ist der Traum vieler Camper, denn man ist extrem flexibel und unabhängig, kann weiterziehen, wann man will, und sich einen Platz aussuchen, der einem gefällt. Außerdem schont das kostenlose Übernachten die Reisekasse.

Näher als beim Übernachten in der Natur kann man dieser kaum kommen.
Doch die Realität sieht zumindest in Europa nicht ganz so rosig aus. Denn oft ist Wildcampen verboten und hohe Bußgelder verderben die Urlaubsstimmung. Vergessen darf man nicht, dass man mit einem Reisemobil nur für eine gewisse Zeit autark stehen kann, da irgendwann die (Wasser-)Vorräte zu Neige gehen. Die Sicherheit eines Camping- und Stellplatzes sowie deren Komfort durch sanitäre Anlagen, Wasser, Strom und Waschgelegenheit fehlen. Zudem scharen sich gerade in der Hauptsaison Camper an erlaubten Plätzen, lärmen und hinterlassen Klopapier, Müll und eine verwüstete Landschaft. Das bringt Probleme für die Umwelt, Dünen beispielsweise sind fragil und nicht für das Befahren und Parken von Reisemobilen geschaffen. Feuer ist wegen der Brandgefahr besonders in der Nähe von Wäldern und bei hoher Trockenheit verboten und zu vermeiden.

FAZIT

Wenn es erlaubt ist und man einen einsamen und sicheren Ort findet, an dem man im Einklang mit der Natur leben kann, ohne dieser zu schaden, ist Wildcampen günstig und unserer Meinung nach der absolute Höhepunkt eines Roadtrips.

GRUNDREGELN FÜRS WILDCAMPEN

1. Meide Nationalsparks, Naturschutzgebiete und andere Schutzgebiete, ebenso landwirtschaftliche Nutzflächen.
2. Campen auf Privatgrundstücken sollte man nur mit der Erlaubnis des Besitzers.
3. „Leave no trace!“ Beschädige deine Umgebung nicht.
4. „Pack it out, pack it in!“ Nimm deinen Müll mit.
5. Mache kein offenes Feuer!
6. Beachte Verbotsschilder!
7. Campe nicht in Sichtnähe von Ortschaften, um die Einwohner nicht zu stören.

Was sagt der Gesetzgeber zum Thema Wildcampen?

Generell wird zwischen Wildcamping (mit einem Reisemobil), Wildzelten (mit einem Zelt) und Biwakieren (nächtigen unter

freiem Himmel ohne Zelt) unterschieden. Parken ist teilweise erlaubt, auch über Nacht. Campen, also das Auspacken von Tisch, Stuhl, Ausfahren der Markise etc., aber verboten.
Die Regelungen unterscheiden sich teilweise auch innerhalb der Länder und werden unterschiedlich streng umgesetzt. Daher ist es dringend angeraten, sich vor der Reise und vor Ort zu informieren. Denn bei Verstößen drohen fast immer hohe Geldbußen.
In **Deutschland** beispielsweise ist Wildcampen nicht generell verboten. Man darf zur eigenen Sicherheit im Auto schlafen, wenn man nicht mehr fahren kann. Strafen können nur mit Aktionen erfolgen, die mit dem Campen in Zusammenhang stehen, wie dem Urinieren in der Öffentlichkeit, Lärmbelästigung oder dem Abladen von Müll. Dann erfolgen sie aber auch zu Recht.
In **Finnland, Norwegen oder Schweden** greift das Allemansrätten, das Jedermannsrecht. Es bedeutet, dass die Natur für jeden Menschen da ist und von jedem genutzt werden darf. Natürlich gilt das nicht für private Grundstücke. Allerdings bezieht sich das Jedermannsrecht auf Camper, die mit dem Zelt unterwegs sind. Dieses können sie für ein oder zwei Nächte aufschlagen. Für Vans und andere Campingmobile gilt das Jedermannsrecht hingegen nicht, sie werden aber meist toleriert. So darf man am Straßenrand parken, wenn man den Verkehr nicht behindert, oder in Sackgassen oder auf öffentlichen Parkplätzen stehen. Diese liegen in Schweden zum Teil sehr schön und bieten fantastische Ausblicke. Die Zahl der Verbotsschilder steigt aber auch hier mit der zunehmenden Zahl an Campingmobilen.
In **Dänemark** hingegen ist das Campen nur auf markierten Campingplätzen gestattet. Tagsüber darf auf gewissen sogenannten Autoständen geparkt werden, nachts ist das allerdings tabu.

Wildcampen ist für viele Camper ein Traum, es ist aber leider nur an wenigen Orten in Europa erlaubt

Schottland ist sehr liberal und erlaubt Campern mit Zelt das Campen fast überall. Mit dem Van muss man mindestens 14 Meter entfernt von der Straße parken und sollte sich bestenfalls mit dem Eigentümer des Grundstücks absprechen.
Auch die **Schweiz** ist in dieser Hinsicht liberal und hat ebenfalls ein Jedermannsrecht: Oberhalb der Waldgrenze ist Campen im Zelt erlaubt. Auch auf landwirtschaftlich ungenutzten Flächen darf man ein oder zwei Nächte mit dem Zelt campieren. Die endgültige Regelung ist von Kanton zu Kanton unterschiedlich, wird durch Schilder aber klargemacht. Auch hier gilt: erst informieren, dann campen.
In **Österreich** hat man als Wildcamper relativ wenige Optionen und muss mit hohen Strafen rechnen. Parkplätze mit Toren verwehren den Einlass.
In den **Niederlanden** ist Campen auf Parkplätzen und sogar auf Privatgrundstücken verboten. Im Wald findet man manchmal an Stangen oder Wasserpumpen das Schild „Paalkamperen", das sogenannte Pfahlcampen, was Campen in einem Umkreis von zehn Metern erlaubt.
Im Süden wird es schwieriger statt einfacher: In **Frankreich** ist Wildcampen verboten und kann mit Strafen bis 1500 Euro ganz schön zu Buche schlagen. In **Spanien** offiziell auch. Hier kostet ein Verstoß bis zu 5000 Euro!
Auch **Italien** verbietet Wildcamping generell und verhängt Bußgelder zwischen 100 und 500 Euro. Da Italien von Touristen geradezu überschwemmt wird, ist Wildcampen hier besonders schwierig. Ist man betrunken, darf man bis zur Herstellung der Fahrtüchtigkeit eine Nacht auf einem markierten Parkplatz stehen.
Portugal hat offiziell auch ein Verbot von Wildcampen, setzt dies aber außerhalb beliebter Regionen wie der Algarve nicht immer strikt um. Besonders in der Nebensaison hatten wir hier nie Probleme.

FAZIT

Bevor man sein Zelt für eine Nacht aufschlägt oder in seinem Campingmobil in freier Natur übernachtet, muss man sich unbedingt bei den regionalen Behörden versichern, was erlaubt ist. Sonst drohen hohe Strafen.

CAMPER-STECKBRIEF

KATHARINA

Alter: 27
Unterwegs: Mai – Juli 2018
Marke: Eriba Touring Wohnwagen
Baujahr: 1997
Anschaffungskosten: von Großvater geerbt
Vorteile dieses Mobils: klein, aber geräumig

Was hat dich zum Reisen motiviert?

Schon als ich klein war, habe ich mir in den Kopf gesetzt, für eine gewisse Zeit in einem Wohnwagen zu wohnen. Diese Traumvorstellung ist seither nie verflogen. Als ich meine damalige neue Stelle in Mainz antrat, ergriff ich die Gelegenheit, den alten Wohnwagen meines Großvaters nach meinen Wünschen herzurichten und damit nach Mainz auf einen Campingplatz direkt am Rhein zu ziehen. In dem begrenzten Raum des Wohnwagens konnte ich mich auf die wesentlichen Dinge besinnen und mich von dem Rest befreien. Jeder Tag nach Feierabend hat sich für mich wie Urlaub in meinem kleinen mobilen Zuhause angefühlt und ich würde es jederzeit wieder tun.

Wie würdest du deinen Reisestil beschreiben?

Das Leben im mobilen Zuhause entschleunigt, da sich so viele unnötige Dinge und Sorgen aufs Wesentliche reduzieren und man merkt, wie wenig es braucht, um glücklich zu sein. Daher war meine Zeit im Wohnwagen, in welcher der Arbeitsalltag durch dieses Lebensgefühl überlagert wurde, eine besonders glückliche Zeit. Heute reise ich mit dem Wohnwagen oder dem VW-Bus, was für mich pure Lebenslust und Unabhängigkeit bedeutet und mit dem wunderbar befreienden Gefühl verbunden ist, jederzeit seine Siebensachen packen zu können, um ins Grüne zu fahren, neue Orte zu entdecken und den Alltag hinter sich zu lassen.

DER ÖKOLOGISCHE FUSSABDRUCK

Als Camper lebt man im Einklang mit der Natur, denn diese wird zu einem Teil der Wohnung. Oft ist man abhängig von den vorhandenen Ressourcen wie Wasser, Strom und Gas, weshalb man sorgsam mit diesen umgehen sollte. Kein Wunder also, dass Camping eine nachhaltige Form des Reisens ist. Doch was kann man tun, um den ökologischen Fußabdruck während der Reise möglichst kleinzuhalten?

DAS RICHTIGE VERHALTEN

Nicht nur beim Campen sollte man darauf achten, sein Umfeld so wenig wie möglich zu stören – sei es über zu viel Platz, den man in kleinen Buchten beansprucht, laute Musik, die die Anwohner stört oder große Feuer oder Feste. Als bewusster Camper hinterlässt man den Platz so, wie man ihn vorgefunden hat und nimmt seinen Müll mit. „Leave no trace“, „Pack it out, pack it in” und „Take nothing but pictures” sind bekannte und gute Leitsätze.

Energie sparen

Energiesparen schont nicht nur die Ressourcen unserer Umwelt, sondern auch den Geldbeutel. So kann man als Langzeitreisender länger an einem Ort verweilen. Wie man Energie und Vorräte sparen kann, um möglichst lange autark an einem abgelegenen Ort bleiben zu können, verraten wir hier. Aber auch für Campingplatzgäste ist der ein oder andere Tipp sicher interessant.

Strom sparen ist wichtig. Hilfreich ist es, wenn die elektronischen Geräte nicht viel verbrauchen. Das kann man im Vorfeld einplanen und großzügig den Verbrauch ausrechnen, bevor man sich mit einer Solaranlage ausstattet. Kompressorkühlschränke sind z. B. eine energiearme Variante, Ventilatoren benötigen nicht so viel Energie wie Klimaanlagen. Wenn man seinen Laptop über einen Wechselrichter lädt, kann das den Batterien heftig zusetzen. Daher anbietet es sich an, ein Tablet mit auf Reisen zu nehmen, da man es per USB-Anschluss laden kann. LED-Lichter benötigen wenig Strom und verfügen im Idealfall über ein Solarpanel und werden in der Sonne geladen.

TIPP

Einen Laptop kann man auch mit einem passenden 12-Volt-Adapter laden. Damit spart man sich einen Wechselrichter und den Energieverlust durch das Umwandeln des Stroms.

Gas sparen kann man beispielsweise wunderbar mithilfe eines Lagerfeuers. Dies funktioniert natürlich nicht an jedem Ort und zu jeder Zeit, also muss man sich über Verbote und Waldbrandgefahr bei Trockenheit informieren. Absorberkühlschränke benötigen sehr viel Gas und Strom.

Ein spezieller Tipp, mit dem man Energie sparen kann, ist das Kochen im Bett. Denn Reis und Nudeln müssen nicht unbedingt durchgängig auf der Flamme gegart werden. Einfach Nudeln oder Reis mit ausreichend Wasser aufkochen und anschließend für die angegebene Garzeit (oder etwas länger) unter die Bettdecke ins Bett stellen. So kann man unterdessen die Soße zubereiten und jede Menge Gas sparen. Milchreis brennt bei diesem Verfahren nicht an und muss nicht ständig gerührt werden.

Weicht man Nudeln, Reis oder Bohnen im Vorfeld in kaltem Wasser ein, verkürzt sich die Kochzeit. Kartoffeln und Kürbis sollten vor dem Kochen geschält und kleingeschnitten werden, denn je kleiner die Kartoffel, desto schneller ist sie gar.

Beim Kochen im Freien bietet sich ein windstiller Platz oder der Bau/Kauf eines Windschutzes an. Bei uns hat allein das Nudelnkochen schon mal eine Stunde gedauert, weil die Flamme beim Wind einfach nicht genügend Hitze entwickeln konnte. Da knurrt der Magen und Gas und Geld werden buchstäblich verfeuert.

Mit einem kleinen Wasserfilter kann man einfach Trinkwasser gewinnen

Benzin sparen kann man durch vorausschauendes Fahren, wenig Bremsen, langsames Beschleunigen und einen optimalen Reifendruck. Statt die Klimaanlage einzuschalten, kann man die Fenster öffnen, der Motor wird im Stau ausgestellt. Unnötige Fahrten und Kurzstrecken mit dem Auto lassen sich vermeiden, indem man stattdessen auf den öffentlichen Nahverkehr, das Skateboard, Fahrrad oder die Füße zurückgreift.

Gerade **Wasser** ist ein kostbares Gut und man sollte es sparsam verwenden. Weicht man sein Geschirr erst ein paar Minuten in einer Schüssel ein, so ist es später ruckzuck abgewaschen. Der Klassiker beim Thema Wasserverschwendung ist das laufende Wasser beim Zähneputzen oder Händewaschen: Besser ist es, den Hahn zwischendurch zuzudrehen und das Wasser nur kurz laufen zu lassen, wenn man es wirklich benötigt. Das gleiche gilt fürs Duschen: Auch hier kann man viel Wasser sparen.

HYGIENE – ÖKO? LOGISCH!

Jeder kennt den berüchtigten Spülmitteltropfen, der die Oberflächenspannung von Wasser verringert und dadurch in den Kreislauf der Natur eingreift. So leicht passiert es, dass man unbedacht Schaden anrichtet. Damit man nicht auf den gewohnten Komfort verzichten muss, aber der Umwelt nicht schadet, haben wir einige Vorschläge zusammengestellt.

INFO

Campingplätze mit der Auszeichnung ECOCAMPING legen auf Umweltschutz viel Wert. In sechs Nationen wurden bisher 219 Plätze für Umwelt- und Naturschutz, Klimafreundlichkeit, Naturerlebnisqualifikation und nachhaltiges Glamping ausgezeichnet.

SHAMPOO, SPÜLUNG, KUR UND CO.

Was in der Wohnung keiner weiteren Überlegung bedarf, wird zwar nicht auf dem Campingplatz, aber spätestens beim Wildcampen zur Herausforderung. Wie duschen? Wo duschen? Wie sich eine Privatsphäre schaffen und wo kann man sich umziehen? Duschen verbraucht viel Wasser. Trotzdem möchte man auch beim Reisen nicht auf diesen Komfort und das herrliche Gefühl verzichten. Und gerade beim Campen, wo man sich ständig draußen aufhält, ist eine gute Haar- und Hautpflege wichtig.

Campiert man am Meer oder an einem See, kann man dort die Grundwäsche – ohne Shampoo und Duschgel – vornehmen. Die Umgebung wird zur persönlichen Riesenbadewanne! So wird Wasser gespart und trotzdem kann man sich den Staub und den Schweiß des Tages abwaschen. Danach kann man sich unter der Dusche schnell mit einem Shampoo abduschen.

Am besten verwendet man biologisch abbaubare Produkte wie Naturseifen ohne Zusatzstoffe, z. B. die Seife von Travel SoapEco, die Produkte von SeatoSummit oder Dr. Bronner. Diese Produkte können ebenfalls zum Waschen von Geschirr und Kleidung genutzt werden. Wichtig ist es dabei, einen Mindestabstand von 100 Metern zur Wasserquelle einzuhalten. Damit wird sichergestellt, dass die Seife besser durch den Boden gefiltert wird.

Geht Hygiene auch allein auf Naturbasis? Das kann man sich kaum vorstellen, wenn man sich die Regale in Drogerien anschaut, aber wir haben ein paar Tipps zusammengestellt.

Haare waschen mit ...

Je nach Haarlänge und -volumen ein bis vier Teelöffel **Natron** mit ein bis zwei Gläsern warmem Wasser mischen und verrühren, bis es sich auflöst. Dieses Shampoo entfernt Fett, Verunreinigungen, Chemikalien und Silikone aus dem Haar.
Mehrere Esslöffel **Lavaerde** mit der doppelten Menge an warmem Wasser vermengen und anschließend die Masse verrühren, kurz einziehen lassen. (Währenddessen kann man herrlich duschen/baden.) Bei trockenem Haar etwas Oliven- oder Kokosöl hinzufügen. Dieses Shampoo verhindert schnelles Rückfetten und macht die Haare füllig.
Oder man vermischt mehrere Esslöffel **Roggenmehl** mit etwas weniger als der doppelten Menge an warmem Wasser und verrührt es. Die Masse kurz einziehen lassen. (Währenddessen schon mal duschen / baden.) Bei trockenem Haar etwas Oliven- oder Kokosöl hinzugeben.

Kaffeesatz, Roggenmehl und Lavaerde dienen als natürliche Schönmacher

Haarspülungen mit ...

Einen Esslöffel **Apfelessig** mit 500 ml kaltem Wasser verrühren. Essig ist ein Geruchskiller, wirkt antibakteriell und antiseptisch. Zusätzlich kann man Teebaumöl oder Rosmarinöltropfen hinzufügen. Diese regulieren die Talgbildung und wirken antibakteriell. Tipp: Statt des Apfelessigs normalen Essig verwenden, in dem vorher Orangenschalen eingeweicht wurden. Danach duften die Haare nach Orange.

Haarkuren mit ...

Einen Esslöffel **Mandel- oder Kokosöl** im Wasserbad oder in der Sonne erwärmen und anschließend sparsam an den spröden Stellen ins saubere, handtuchtrockene Haar einmassieren. Den Kopf danach mit einem Handtuch umwickeln, eine Stunde warm halten und dann das Öl ausspülen. Man kann das Öl auch einfach im Haar lassen, denn es schützt vor Sonne, Salz und Wind. Außerdem riecht es wunderbar.
Kaffeefans aufgepasst! Den **Kaffeesatz** von ein bis zwei Tagen in eine Schüssel schütten und mit kochendem Wasser übergießen. Die Masse ziehen und abkühlen lassen, anschließen in die Haare einmassieren und eine halbe Stunde mit einem dunklen Handtuch warm halten. Dann gründlich ausspülen. Vorsicht:

Diese Kur ist nur für dunkle Haare zu empfehlen, da sie die Haare verdunkelt. Sie eignet sich für trockenes, strapaziertes Haar.
Zwei bis drei Esslöffel **Kokosmilch** (hierbei darauf achten, dass diese möglichst nur aus Kokosmilch und Wasser besteht) auf die Kopfhaut und in die Haarspitzen einmassieren. 15 bis 20 Minuten einwirken lassen und dann gründlich ausspülen.

TIPP

Zum privaten Umziehen in der Öffentlichkeit schwören wir auf sogenannte „Change-Towels", die auch Kinder oft verwenden. Es ist ein knielanges XXL-Shirt, ähnlich einem Handtuch, in das man schlüpft und in dem man sich gründlich abtrocknen kann. Surfer nutzen das schon ewig. Aber auch als Nichtsurfer ist dieses Gadget klasse!

Körperpeeling mit ...

Kaffeesatz regt die Durchblutung an, säubert die Poren und soll gegen Cellulite helfen. Danach fühlt sich die Haut herrlich weich an und der Körper duftet dezent nach Kaffee. Außerdem hilft Kaffee gegen Gerüche. Weitere kreative Ideen findet man auf der Website www.smarticular.net

WASCHEN

Egal ob Spülmittel, Waschmittel, Reinigungsmittel, Seife, Shampoo und Duschgel – viele dieser Produkte enthalten Tenside, damit alles schön schäumt. Das schadet der Umwelt. Sie sollten daher nie einfach in der Umwelt entsorgt oder verwendet werden. Die meisten Mittel zum Waschen und Reinigen aus dem Supermarkt lassen sich nicht vollständig biologisch abbauen. Komplett abbaubare Produkte stellt man am besten selbst her. Dann weiß man auch, was drin ist. Rezepte und Anregungen gibt es genug.
Ölige Pfannen wischt man am besten mit einem Küchentuch aus – das pflegt die Pfanne und spart Wasser und Zeit. Auch Zitronensäure, Natron und Backpulver wirken wahre Wunder und sind vielfältig einsetzbar.
Fast immer stellen Campingplätze Waschmaschinen oder Waschgelegenheiten gegen Entgelt zur Verfügung. In Spanien und Portugal stellen viele Supermärkte namens Intermarché Waschmaschinen bereit. So kann man die Wartezeit auf die

WICHTIG

Beim Wildcampen sollte man niemals direkt an einer Wasserquelle waschen und spülen, sondern mindestens 100 Meter davon entfernt, um diese nicht zu verunreinigen.

saubere Wäsche zum Einkaufen nutzen. Leider laufen die Maschinen nur eine halbe Stunde und manchmal wird darüber hinaus ausschließlich mit kaltem Wasser gewaschen. Dies entspricht nicht jedem Hygienebedürfnis, gerade was Handtücher, Bettwäsche und Unterwäsche angeht. Wer also lieber selbst aktiv werden will, sollte sich die folgenden Möglichkeiten anschauen:

Handwaschmaschinen funktionieren wie Salatschleudern. Sie bestehen aus einer große Plastikhülle und einer Trommel im Inneren, die per Hand durch das Drehen einer Kurbel am Deckel bewegt werden kann. Zusätzlich verfügen sie über einen Abwasserschlauch. Wir lieben unsere! Wasser wird gekocht, Waschmittel hergestellt und dann geknetet, gekurbelt und gerührt, was das Zeug hält. Das klingt aufwendig? Ist es auch. Aber dafür ist die Wäsche danach sauber.

Eine weniger aufwendige Alternative ist die **Waschbox**. Hierbei wird eine wasserdicht verschließbare Box mit Klappen, die den Deckel fixieren, vor einer Autofahrt mit Wäsche, biologisch abbaubarem Waschmittel und eventuell Steinen gefüllt und im oder auf dem Reisemobil fixiert. Während der Fahrt, vor allem in unebenem Gelände, wird die Wäsche dann geschüttelt und durch die Steine zusätzlich gewalkt. Bei der Ankunft kann man die Wäsche noch mal abspülen und dann aufhängen.

TIPP

Wasser aus der Solardusche kann man am besten nutzen, wenn dieses bereits erhitzt ist.

Natürliches Waschmittel kann man leicht selbst herstellen: Vier Esslöffel Soda (Natriumcarbonat) mit 30 g geraspelter ökologischer Kernseife, wenigen Tropfen ätherischen Öls wie beispielsweise Lemongras und zwei Litern Wasser mischen. Alles zusammen in einen Topf schütten, Soda und Kernseife mit einem Schneebesen unterrühren. Danach die Masse kurz aufkochen und eine Stunde stehen lassen, anschließend erneut kurz aufkochen und sechs bis 24 Stunden stehen lassen. Dann ein letztes Mal erhitzen, abkühlen lassen. Zum Schluss das ätherische Öl hinzufügen.

Weich wird die Wäsche, wenn man einen Weichspüler zur Wäsche gibt, selbstverständlich ebenfalls selbst hergestellt: Bei Weißwäsche gibt man ein bis zwei Teelöffel **Natron** pro Wäsche

als Weichspüler hinzu. Natron verhindert Geruchsbildungen, bleicht allerdings auch aus.
Auch **Tafelessig** eignet sich als Weichspüler: Ein Schuss Tafelessig im Weichspülfach verhindert Geruchsbildung und macht die Wäsche weicher. Tipp: Orangenschalen im Tafelessig einweichen lassen. Sie duften herrlich!

TOILETTE

Ein oft diskutiertes Thema unter Campern, die in der freien Natur stehen, ist der Gang zur Toilette. Aus einem einfachen Grund: Es ist vor allem beim Wildcampen nicht einfach, heimlich das stille Örtchen aufzusuchen. Wichtig ist, sich vor Augen zu führen, dass unsere Hinterlassenschaften für die Natur deutlich besser sind als Shampoo und Spülmittel. Sie können schnell recycelt werden.
Für das **Buschklo** gelten drei goldene Regeln: Grab ein Loch (je tiefer desto besser, denn manche Tiere lieben es, die Hinterlassenschaften wieder auszugraben), verbrenne dein Klopapier im Loch, das geht mit Feuerzeug oder Streichholz sehr einfach. Verschließe das Loch und kennzeichne es ggf. mit einem Stein. So werden die Fäkalien schnell abgebaut und Teil des Ökosystems. Es stinkt nicht, man sieht es nicht, keiner tritt hinein und kein Klopapier weht durch die Gegend. Kurzum, es ist nicht viel Aufwand, hat aber einen beträchtlichen Mehrwert.
Wem dies unmöglich erscheint, kann sich eine **portable Toilette** zulegen, die es in den unterschiedlichsten Varianten gibt:

Entsorgungsstationen gibt es auf Camping- und Stellplätzen und an Raststätten

von Minitoiletten, die bequem im Schrank verstaut werden, bis hin zu klappbaren Campingtoiletten, unter die man einen Müllsack spannt. Das System ist aber immer das gleiche: Die Ausscheidungen werden in einem Sack aufgefangen und dann bequem und relativ diskret im Müll entsorgt.

Chemische Toiletten benötigen viel Infrastruktur, besondere Reiniger und teilweise auch besonderes Toilettenpapier, das sich schneller zersetzt. Wenn man also eine Fernreise außerhalb der westlichen Länder plant, sollte man genügend Vorräte dabei haben und frühzeitig Entsorgungsstellen recherchieren.

Praktisch für Vans sind portable Toiletten

Möchte man selbst eine Toilette einbauen, stolpert man schnell über **Kassettentoiletten**, wie z. B. das Porta Potti. Dieses ist etwas kleiner als eine herkömmliche Toilette und besteht aus Plastik oder Keramik. Man öffnet den Durchgang zur Kassette, die unter der eigentlichen Kloschüssel montiert ist. Dann verrichtet man sein Geschäft, spült und schließt den Durchgang wieder. Nach etwa 20 Litern Inhalt muss die Kassette entleert werden. Dies ist bei zwei Personen etwa nach zwei bis drei Tagen der Fall. Woher man weiß, wann es so weit ist? Der Füllstand wird angezeigt. Diese Toiletten sind günstig in der Anschaffung und einfach in der Handhabung, falls eine Entsorgungsstation in der Nähe ist. Camping- und Stellplätze, Häfen und manche Raststätten sind gute Anlaufstellen.

Um eine schnellere Zersetzung anzuregen und Gerüche zu verhindern, oder je nach Temperatur zumindest zu vermindern, fügt man diesen Kassetten Chemikalien bei. Daher die Bezeichnung „Chemietoilette".

Wenn man auf diese nicht immer umweltfreundlichen Chemikalien verzichten will, gibt es mehrere Alternativen: Ein Lüftungssystem im Bad, auch SOG-Anlage genannt, saugt die Gerüche nach draußen. Das hilft beim Entleeren allerdings nicht. Biologische Mittel wie beispielsweise mikrobiologische Ammovit-Pulver erfüllen den gleichen Zweck. Oder aber man leert die Kassette häufiger und verzichtet auf Zusätze. Dann können auch ätherische Öle helfen, den Geruch zu vertreiben. Dazu bieten sich Lavendel-, Zitronen- oder Teebaumöle an. Allerdings fördern sie nicht ein zügiges Zersetzen.

Ein Tipp: Legt man die Toilette vor dem großen Geschäft mit Camping-Toilettenpapier aus, wird dieses dann gemeinsam he-

runtergespült und hinterlässt kaum Spuren. Auch ist es ratsam, die Toilette lieber früher als später zu entleeren. Besonders in heißen Regionen tut man damit allen einen Gefallen.
Neben diesen klassischen Methoden gibt es noch zahlreiche andere Toiletten, über die der Fachhandel informiert, wie z. B. fest installierte **Zerhackertoiletten** oder spezielle **Trockentoiletten**. Beide kommen ohne chemische Zusätze aus. Ein heißer Tipp ist auch die **Verbrennungstoilette**. Sie verbrennt die Hinterlassenschaften bei 500 Grad innerhalb einer Stunde. Währenddessen ist die Toilette weiterhin benutzbar. Die wenige, keimfreie Asche kann einfach in der Natur entsorgt werden. Auch hier wird kein Wasser verbraucht, kein chemischer Zusatz benötigt, kein Geruch produziert und die Entsorgung gestaltet sich sehr einfach und umweltverträglich. Andererseits benötigt die Toilette sehr viel Energie und ist teuer.

PUTZEN UND SPÜLEN – MIT ESSIG, NATRON UND ZITRONE

Nicht nur Shampoo und Waschmittel, sondern auch Haushaltsreiniger kann man mit natürlichen Mitteln herstellen, die frei von Zusätzen sind und die Umwelt nicht so stark belasten, da sie biologisch leicht abbaubar sind.
Essig wurde bereits im alten Ägypten und von den Griechen als natürliches Reinigungsmitel benutzt und half, Wasser länger haltbar zu machen und Essen einzulegen.
Essig wirkt antibakteriell und antiseptisch und beseitig Kalk und Fettspritzer. Vorsicht: Ungemischt auftragen sollte man Essig nie, da die Säure aggressiv ist und beispielsweise Silikon und Gummidichtungen schaden kann. Daher sollte man einen Teelöffel Essig mit einem halben Liter Wasser mischen. Zum Putzen füllt man das Essig-Wasser-Gemisch am besten in eine Sprühflasche, sodass man den Alleskönner leicht auftragen kann. Mit dieser Mischung kann man auch wunderbar den Kühlschrank säubern. Auch zum Geschirrspülen sind die na-

TIPP

Wer kennt sie nicht, die kleinen ungebetenen Mitbewohner, die das Campen in der Natur nun mal anzieht? Mit einer kleinen Schale voll Essig werden Fliegen vertrieben. Wenn man zusätzlich einen angenehmen Duft möchte, dann kann man Orangenschalen in den Essig einlegen. Denn beide Duftstoffe sind unangenehm für Insekten und halten diese fern.

türlichen Inhaltsstoffe wahre Helden. Mit Resten von Zitronen kann man über das Geschirr reiben und so gründlich vorreinigen. Nicht umsonst sind Zitrone und Essig in vielen Putzmitteln enthalten, denn beide wirken antiseptisch und antibakteriell. Trinkt man täglich aus einer Glasflasche, kann auch diese leicht gereinigt werden, indem man zwei Esslöffel Essig, Salz oder Kaffeesatz mit heißem Wasser in die Flasche füllt. Alle drei Inhaltsstoffe mischen und die Flasche dann unter einer Decke eingepackt auf jeder Seite 20 Minuten liegen lassen. Ausspülen und fertig!

»Nimm nur Erinnerungen mit, hinterlasse nichts außer Fußspuren.«

Chief Seattle

Ein anderes Wundermittel ist Teebaumöl, bestens geeignet für die Anwendung auf der Haut. Der Alleskönner hilft gegen Akne und Pilzbefall, wirkt antiseptisch und eliminiert Viren und Bakterien. Damit ist Teebaumöl nicht nur perfekt zum Reinigen der Haut geeignet, sondern auch als Allzweckreiniger. Aus einer Tasse Essig, vier Tassen Wasser und etwa 20 Tropfen Teebaumöl wird ein Allzweckreiniger, der auch die Oberflächen glänzen lässt.

MÜLLTRENNUNG

Die Deutschen sind Weltmeister im Mülltrennen. So fühlen wir uns im Ausland jedenfalls. Auf Camping- und Stellplätzen ist die Entsorgung von Müll kein Problem. Doch wie sieht es aus, wenn man frei steht? Gerade beim Wildcampen ist das Trennen von Müll besonders wichtig. Oft wird einem erst dann bewusst, wie viel Müll man produziert.

WICHTIG

Verpackungsmüll bei Einkäufen auf dem Wochenmarkt kann man vermeiden, indem man eigene Beutel und Netze mitbringt. Unnötige Verpackungen können oft im Supermarkt entsorgt werden.

Biomüll muss in sicherer Entfernung vom Camper vergraben werden, um keine Tiere anzulocken. Also weit weg damit vom Camp. Mit Papiermüll wird das Lagerfeuer entfacht und Papiertaschentücher werden verbrannt. Glasbehälter sind nicht geeignet, da sie nicht direkt entsorgt werden können. Zur Not kann man sie später als Vorratsbehälter verwenden. Plastik sollte abgespült und so weit wie möglich zerkleinert und gesammelt werden. Dieser Müll wird beim nächsten Einkauf im öffentlichen Mülleimer entsorgt.

CAMPER-STECKBRIEF

LEA & THILO

Alter: 29 und 31
Autoname: Minnie Winnie, gemietet in New Jersey, USA, zweieinhalbwöchige Rundreise entlang der nördlichen Ostküste der USA 2017
Marke: Ford Winnebago
Baujahr: 2016
Vorteile dieses Mobils: Alles ist neuwertig und intakt. Das Wohnmobil holt man gereinigt, getankt und voll ausgestattet ab.
Nachteile dieses Mobils: Größe und Höhe des Wohnmobils, insbesondere beim Befahren von Städten und Schnellstraßen mit niedrigen Brücken.

Was hat euch zum Reisen motiviert?

Durch inspirierende Gespräche mit Leas Eltern und einigen Freunden kamen wir auf die Idee, ein Wohnmobil zu mieten. Die Flexibilität, einfach dort zu halten, wo es einem passt, gefiel uns.

Was würdet ihr unbedingt wieder einpacken?

Ein Waschmittel aus der Tube und eine Wäscheleine. Auch Ohropax sind zu empfehlen, wenn man die eine oder andere Nacht auf einem Wallmartparkplatz oder auf einem Partycampingplatz steht.

Welches ist euer Lieblingsland und warum?

Wir haben kein Lieblingsland, aber die West- und die Ostküste Nordamerikas haben wir gründlich bereist und können trotz aller politischer und moralischer Schwierigkeiten behaupten, dass es traumhaft schöne, naturbelassene Landschaften und Orte gibt, unendliche Weiten, die es zu bereisen lohnt.

Unser Motto

Flexibles Reisen ohne Verzicht auf Komfort!

PLEITEN, PECH UND PANNEN – WAS TUN IN NOTFÄLLEN?

Leider läuft auf einer langen Reise nicht immer alles rund, im wahrsten Sinne des Wortes. Wir haben noch keinen Reisenden getroffen, der nicht damit beschäftigt war, sein Auto, Zelt oder Wohnmobil zu reparieren. Das fahrbare Zuhause ist durch das Befahren von Schotterpisten, durch Hitze oder salzige Luft viel stärkeren Belastungen ausgesetzt als in der Heimat. Dazu kommt oft die Schwierigkeit, im Ausland das passende Ersatzteil oder Werkzeug zu bekommen oder eine adäquate Reparatur zu erhalten.

Auch bei einem Kurzurlaub wird man vielleicht feststellen, dass nicht alles glatt läuft. Die Kommunikation mit den Werkstätten im Ausland ist schwieriger als mit dem Mechaniker des Vertrauens zu Hause. Hilfreich sind in solchen Fällen die Schutzbriefe fürs Ausland der Automobilclubs und Autoversicherungen. Wichtig ist, das Reisemobil rechtzeitig vor der Fahrt gründlich durchzuchecken.

» Erst die Fremde lehrt uns, was wir an der Heimat haben. «

Theodor Fontane

DIE FAHRENDE AUTOWERKSTATT

Nicht immer kann eine Panne vermieden werden, innerhalb Europas greift dann meist die Versicherung oder der Schutzbrief. Falls das Fahrzeug nicht repariert werden kann, organisieren Versicherungen in der Regel einen Rücktransport des Mobils und der Insassen.

Viele Pannen können aber vermieden werden, wenn man sich im Vorfeld über Ersatzteile, Zuladung und Ladungssicherung informiert und mit Werkzeug und Ersatzteilen eindeckt.

Ob handwerklich begabt oder nicht, eine Basisausstattung an Werkzeugen sollte auf keiner Reise fehlen. Mit dem richtigen Handwerkszeug sind kleine Pannen schnell selbst behoben und der Besuch einer Werkstatt wird unnötig.

WICHTIG

Vor Reiseantritt alle Notfallnummern auf zwei Zetteln notieren und einen Zettel im und einen außerhalb des Mobils an einer gut erreichbaren Stelle verwahren.

Werkzeug und Ersatzteile – nicht nur – für Fernreisende

Bei einer längeren Reise empfiehlt es sich, Ersatzteile und Verschleißteile mitzunehmen. Oft sind diese im Ausland nicht erhältlich, eine Lieferung per Post aus der Heimat ist aufwendig und kostspielig. Reist man außerhalb der EU-Zollunion, muss man sich mit den geltenden Zollvorschriften vertraut machen. Der Zoll hat es teilweise in sich: Die Gebühren können bis über 100 Prozent des Marktpreises ausmachen!

Egal ob Zelt, Wohnwagen oder Camper – es lohnt sich immer, gutes Panzertape sowie Kabelbinder mitzunehmen. Diese helfen in zahlreichen Situationen: ob beim Stuhlflicken, Staubabhalten oder (kurzzeitigem) Surfboardreparieren, um nur ein paar Beispiele zu nennen. Sikaflex und Bindfaden sind beim Campen ebenfalls unverzichtbar und wahre Alleskönner.

Radfahrer sollten natürlich Reifenflickzeug sowie eine Luftpumpe parat haben. Schneller geht das Flicken mit Sprays: Sie versiegeln kleine Löcher und pumpen zugleich den Reifen auf. Praktisch, oder?

Autofahrer sind gut beraten, einige Werkzeuge einzupacken. Natürlich sollte man einen Wagenheber, Ersatzreifen und das passende Radkreuz, Motoröl, Kühlflüssigkeit und Sicherungen dabeihaben. Darüber hinaus ist WD40 sehr praktisch, falls Sand an ungünstige Stellen im Auto kommt und sich die Türen im Anschluss nicht mehr leicht öffnen lassen. Schraubenzieher, Gabel- und Inbusschlüssel in diversen Größen, 1,5- bis 2,5-mm-Litzenkabel und ein Allzweckschraubenzieher mit diversen Aufsätzen ergänzen den Werkzeugbestand.

Eine Grundausstattung an Werkzeugen sollten Camper immer dabeihaben

Generell können wir empfehlen, Keilriemen, Glühbirnen, Sicherungen, Zündkerzen, Zündkabel, Luftfilter, Ölfilter, Kraftstofffilter, Kühlschlauchklebeband und Auspuffklebeband mitzunehmen. Damit hat man eine gute Grundausstattung, um viele Probleme in den Griff zu kriegen.

Schon beim Kauf des Wohnmobils sollte man sich beraten lassen, wo Schwachstellen sein könnten. Auch kann man sich im Vorfeld bereits mit dem Reparaturbuch vertraut machen; dort sieht man, welche Teile gewechselt werden können. Falls man eine Solaranlage eingebaut hat, sollten auch hierfür Werkzeuge und Kabel sowie (wasserdichte) Kabelverbinder zur Reparatur mitgenommen werden. Ein Multimeter ist immer hilfreich.

Overlanding Special Tools

Geht man mit dem Geländewagen auf Reisen, wird dem Gefährt alles abgefordert. Getreu dem Motto: „Ich bleibe dort stecken, wo andere Wagen gar nicht erst hinkommen." Dementsprechend gut ausgestattet sollte man auf die Tour gehen.

Denn das Fahren abseits der Straße fordert Pannen und Steckenbleiben geradezu heraus.
Zusätzlich zur Grundausstattung gehören schwarzes Tape und weißes Tape zum Flicken (Camper), Panzertape, verhärtendes Knetmetall, Reifenflickzeug, Reifenflickflüssigkeit, einen Luftkompressor, Auspuffflicker, Sprühsilikon, Glaskleber und einen High-Lift-Jack (sehr hoher Wagenheber) in die Werkszeugkiste. Damit ist man auch abseits aller Pisten bestens für jede Eventualität gerüstet.

DIEBSTAHL / KREDITKARTENVERLUST

Sollte während der Reise etwas gestohlen werden, ist auch im Ausland der Gang zur Polizei Pflicht, um den Schaden zu melden. Denn Leistungen erhält man von der Versicherung nur, wenn man die Dokumente der Polizei vorweisen kann. Vorsichtshalber sollte man mit der Versicherung Kontakt aufnehmen und nach den Bedingungen fragen.
Wird ein Reisepass, Personalausweis oder Führerschein gestohlen, ist dessen Anzeige besonders wichtig. Je nachdem muss ein neues Dokument bei der Deutschen Botschaft beantragt werden. Die Botschaften sind meist in der Landeshauptstadt. Nähere Informationen findet man auf den Websites.
Im Falle eines Missbrauchs oder Kreditkartenverlustes sollte die Karte direkt gesperrt werden. Die zuständige Nummer steht auf der Karte oder im Internet. Häufig ist eine Sperrung der Karte auch über das Onlineportal oder eine App möglich.

» Wer denkt, Abenteuer seien gefährlich, sollte es mal mit Routine versuchen. Die ist tödlich. «

Paulo Coelho

AMBULANTE NOTFÄLLE

Bereits vor oder direkt nach der Ankunft am Zielort sollte man die Notrufnummern der Polizei und des Rettungsdienstes erfragen. Den deutschen Giftnotruf samt Vorwahl (0049) sollte man ebenso parat haben wie die Adresse des nächsten Krankenhauses sowie die 24-Stunden-Servicehotline der Auslandskrankenversicherung. Sie alle helfen im Notfall und unterstützen mit Informationen und Adressen. Auf diese Weise ist man auch in einem Notfall bestens gerüstet und kann schnell handeln.
112 – diese Rufnummer gilt nicht nur in Deutschland, sondern ist die einheitliche EU-weite Notrufnummer!

CAMPER-STECKBRIEF

ANGELIKA

Alter: 33
Instagram: @zuckerfux
Unterwegs seit: August 2019
Ausgaben pro Monat: ca. 1 000 €
Marke: Toyota Hiace Hightop
Baujahr: 2001
Miete inkl. Versicherung: Hauptsaison 50 €/Tag, Nebensaison 25 €/Tag, Lockdown 5 €/Tag
Vorteile dieses Mobils: Self-Contained-Zertifikat, Hightop mit 2 m Deckenhöhe, Küche auch mit aufgebautem Bett nutzbar, dauerhafter Durchgang in die Fahrerkabine, Benziner (keine Dieselsteuer/gefahrenen Kilometer)
Nachteile dieses Mobils: Für mich ist der Van perfekt, wenn ich etwas aufzählen muss, wäre es: Surfbretttransport umständlich, für zwei Personen wenig Stauraum – aber das ist Klagen auf ganz hohem Niveau.

Wie lange oder oft reist du?

Ich liebe Reisen zu jeder Jahreszeit und versuche, in allen Schulferien mehr von der Welt zu sehen. Eine so lange Reise habe ich bisher aber noch nicht gemacht. Seit fünf Monaten bin ich jedoch allein unterwegs, ich bin vorher noch nie allein gereist und der Sprung ins kalte Wasser war hart, rückblickend aber die beste Entscheidung meines Lebens. Als Alleinreisende erlebt man alles intensiver.

Welches ist dein Lieblingsland und warum?

Neuseeland hat es mir leicht gemacht. Die Menschen sind so unglaublich herzlich und hilfsbereit, weshalb es ganz klar mein Lieblingsreiseland ist. Den Linksverkehr beherrscht man auch irgendwann und für ein strahlendes Lächeln gießt der Tankstellenmitarbeiter das Motoröl ein.

Wie würdest du deinen Reisestil beschreiben?

Typisches Backpacken im überfüllten Dorm, ohne Waschmaschine, jede Nacht feiern und ohne groben Plan ist nicht meins. Dank guter Vorbereitung kamen die bösen Überraschungen eher zufällig.

Was würdest du das nächste Mal besser machen?

Ich würde mir nicht mehr vom Wind die Vantür abreißen lassen, nicht mehr auf einem Ameisennest parken, immer absprechen, wer den Vanschlüssel hat und während des Wanderns immer auf den Weg schauen.

Ich habe mich für dieses mobile Zuhause entschieden, … weil ich mit dem Van überall stehen bleiben kann, wo es mir gefällt.
Das Vehikel ist besonders geeignet, … wenn man spontan, offen und entspannt jedem Tag entgegensieht.
Die nächste Reise … würde ich auch allein wagen.

Wie finanzierst du dich?

Ich bin momentan im achten Monat meines Sabbatjahrs auf Reisen. Rheinland-Pfalz bietet mehrere Modelle ab mindestens einem Jahr an. Ich habe mich für ein Ansparmodell bei 50 Prozent Gehalt entschieden. Anfangs war ich skeptisch, weil sich die Lebenshaltungskosten natürlich nicht halbieren, aber das funktioniert gut.

Wozu möchtest du die Leser dieses Buches motivieren?

Ich möchte alle Frauen, die reisen wollen, aber keine Begleitung haben, ermutigen, es auch allein zu wagen. Nicht in jedem Land – aber das Leben ist zu kurz, um zu Hause auf dem Sofa auf etwas zu hoffen, das vielleicht ganz woanders auf einen wartet.

SCHNELLE GERICHTE FÜR UNTERWEGS

»
Jede Reise hat einen speziellen Geruch, besonderen Geschmack und eigene Farben.
«

Wanda Rezat

VORRATSHALTUNG FÜR CAMPER

Campen bedeutet immer auch Flexibilität. Das gilt nicht nur für die Wahl des Stellplatzes und das ständige Improvisieren bei all den kleinen und großen Katastrophen im Reisealltag, sondern auch ganz besonders fürs Kochen. Auch wenn die größten deutschen Supermärkte ihr europäisches Netz ausgebaut haben, wird man in Gegenden abseits der Touristenzentren Schwierigkeiten haben, all die Lebensmittel zu bekommen, die für uns selbstverständlich sind. Natürlich kann man zu Hause nicht vorsorglich kiloweise Brot, Milchprodukte, Gummibärchen und Schokolade einpacken. Aber einige (Grund-) Nahrungsmittel eignen sich gut für einen großzügigen Vorrat.

Reisen in fremde Länder bedeutet auch immer, sich auf die regionale Küche einzulassen – wenn man mag. Doch gerade beim Campen hat man die Wahl, alte Lieblingsessen zu kochen oder neue Gerichte auszuprobieren. Wenn möglich, dann sollte man sich im Vorfeld über die Verfügbarkeit der Lieblingslebensmittel informieren und großzügig einkaufen.

Haltbare und frische Lebensmittel

Um eine Weile Off-the-grid, das bedeutet autark, stehen zu können, ist ein gut sortierter Vorrat wunderbar. Leider sind viele Nahrungsmittel nicht lange haltbar oder eine optimale, kühle Lagerung nicht möglich. Sofern man mit dem Zelt oder einem selbstausgebauten Mobil unterwegs ist, sollte man unbedingt über eine geeignete Kühlmöglichkeit nachdenken, Vorschläge haben wir bereits gemacht. Denn die Hitze kann der größte Feind werden, wenn man Obst und Gemüse nicht kühl lagern kann. Es gibt aber einige Lebensmittel, die nicht kühl gelagert

Selbst mit einem kleinen Kocher lassen sich leckere Gerichte zubereiten

werden müssen und sehr gut als Basis für einen Vorrat eignen. Kleine Merkhilfe: Die meisten beginnen mit „K":

Ohne Kühlung haltbar

Kürbis ist sehr schmackhaft und in vielen Gerichten wie Suppen, Eintöpfen, Currys, Gemüsepfannen und als Ofengemüse ein Hit. Wie Kohl verwahrt man ihn einfach an einem dunklen Ort, wo er sich mehrere Wochen hält.

(Süß-)Kartoffeln – unverzichtbar! Ob als Pommes, Brat-, Pell- oder Ofenkartoffeln, in Suppen, Eintöpfen oder Currys – ohne fahren wir gar nicht erst los. Ein schnelles und schmackhaftes Fast Food, das über Wochen oder Monate an einem dunklen kühlen Ort gelagert werden kann.

Karotten, Rettich und Rote Beete schrumpeln ohne Kühlung zwar etwas, sind aber notfalls auch ohne Kühlung haltbar und eignen sich hervorragend für Salate, Suppen und Currys.

Knoblauch und Zwiebeln sind ein Muss bei fast jedem Gericht. Zum Glück ist auch diese Lagerung sehr einfach.

Kohl ist vielseitig und hält sich auch lange bei warmen Temperaturen, ohne speziell gelagert zu werden. Ein Tipp: Man kann daraus sehr einfach Sauerkraut zubereiten.

Kokosnüsse findet man in Europa zwar selten, aber wenn, dann sollte man welche bevorraten. Sie sind auch bei großer Hitze sehr lange haltbar.

Äpfel und harte Birnen sind dunkel und ohne Spielraum gelagert ebenfalls gut zu bevorraten.

Wassermelonen kühlen uns an heißen Tagen wunderbar ab und sind ein hervorragender Wasserspender. Zudem hält sich dieses Obst sehr lange bei warmen Temperaturen.

Ananas sind einfach köstlich, sie halten sich ungekühlt maximal zwei Wochen.

Zitrusfrüchte wie Orangen, Grapefruit, Mandarinen, Limetten und Zitronen kann man ebenfalls gut auf Vorrat kaufen. Merke: je fester und dicker die Schale, desto länger die Haltbarkeit.

GEWÜRZE UND BASICS

Salz
Pfeffer
Oregano
Thymian
Basilikum
Paprika
Currypulver
Kreuzkümmel
Zimt
Zucker
Backpulver
Gemüsebrühe
Trockenhefe
Currypaste
gute Sojasauce
Vanillezucker

Mit Kühlung / nicht haltbar

Grünes Gemüse hält sich nicht sehr lange, deshalb sollten Gurken, Salat, Paprika, Spinat und Zucchini eher kühl gelagert werden. Broccoli, Spinat und Salat halten sich sogar nur maximal drei Tage. Pilze haben eine noch kürzere Haltbarkeit von ein bis zwei Tagen und mögen Schotterpisten gar nicht.

Auch Nektarinen, Pfirsiche, Erdbeeren, Blaubeeren, Himbeeren, weiche Birnen und Papayas sollten nur wenige Tagen bis hin zu einer Woche verwahrt werden. Beim Fahren verstauen wir empfindliche Lebensmittel wie Bananen, Tomaten, Papayas und Äpfel im Bett. Durch die Bettdecke werden sie kühl gehalten und werden nicht in einem Behältnis bewegt. So kann man Druckstellen vermeiden, die schnell zu schimmeln beginnen. Zurück auf dem Platz wird natürlich alles wieder ordnungsgemäß verstaut.

TIPP

Kauft man grüne Bananen und orangene Tomaten, kann man sie ein paar Tage reifen lassen und muss sie nicht sofort verzehren. Äpfel, Tomaten und Bananen sollten getrennt vom restlichen Obst und Gemüse gelagert werden, sonst reift dieses schneller.

Grundnahrungsmittel

Grundnahrungsmittel halten sich mehrere Monate oder auch Jahre. So kann man unbesorgt große Mengen an Nudeln, Reis, Dinkel, Haferflocken, H-Milch, Mehl, Öl, Gewürzen, Dosengemüse und getrockneten Hülsenfrüchte kaufen. Hier noch ein paar Tipps:

Brot wird schnell trocken. Reibt man es mit etwas Wasser rundherum ein und backt es im Backofen oder in der Pfanne mit etwas Öl (je nach Gusto mit Gewürzen und Knoblauch), kann man auch altes Brot noch genießen.

Popcorn besteht aus besonderem Mais, Puffmais, der viel Wasser in sich trägt und kaum Platz benötigt. Einfach die Maiskörner in einem Topf mit Deckel erhitzen, etwas flüssige Butter, Kokos- oder Sonnenblumenöl sowie Zucker oder Salz hinzufügen und fertig ist der Snack für den (Fernseh-)Abend.

Mehl ist ein Muss! Mit Mehl, Wasser und Hefe kann man selbst Brötchen, Pfannkuchen oder Pizza im Ofen oder in der Pfanne backen und ist nicht auf die tägliche Fahrt zum Bäcker angewiesen.

Mit einfachen Zutaten kann man unkompliziert überm Lagerfeuer kochen

Sojaschnetzel sind klein, sehr lange haltbar und eine gute Alternative zum schnell verderblichen Fleisch. Ob als Hackfleischersatz in Spaghetti, als Tacos oder als Burgerpatty – wir möchten Sojaschnetzel nicht missen!

Getrocknete Linsen kann man in 30 Minuten gar kochen. Sie haben einen wunderbaren Eigengeschmack und man kann so mit wenig Aufwand leckere Eintöpfe oder Aufstriche zaubern.

WICHTIG

Beim Grenzübertritt in außereuropäische Länder dürfen in der Regel keine frischen Lebensmittel wie Obst, Gemüse, Milch oder andere tierische Produkte eingeführen werden.

Go green

Nachhaltig kochen mit der Zero-Waste-Küche (Null-Abfall-Küche) schont Geldbeutel und Umwelt. Dazu vermeidet man beim Einkauf Plastikmüll und verwertet seine Reste weiter. Sei es durch

- Kaffeesatz als Körperpeeling,
- Zitronenschale für den Abwasch,
- die überreife Banane für einen leckeren Kuchen, Smoothie oder im Joghurt,
- offenen Wein zum Kochen,
- einen Salat aus Kartoffeln vom Vortag oder
- gebratene Nudeln (vom Vortag) mit Ei oder Gemüse.

Mit diesen Tipps spart man Zeit und Geld und Abfall.

KÖSTLICHE REZEPTE AUS DER CAMPINGKÜCHE

Als Camper möchte man der Natur nahe sein und im Einklang mit dieser leben. Wer auf einem Bauernhof campt und täglich von Hühnern, Kühen und Schweinen umgeben ist, im Meer beim Schnorcheln und Tauchen die zahlreichen Fische sieht und bei der Wanderung Rehe und Hasen, die den Weg kreuzen, überlegt sich vielleicht zweimal, was abends in die Pfanne kommt. Durch eine vegetarische Ernährung lebt man grüner, denn zur Aufzucht von Pflanzen werden deutlich weniger Ressourcen verwendet als zur Produktion eines Steaks. Nicht zu vergessen sind die Hygienebedingungen auf ausländischen Märkten, die nicht mit der lückenlosen Kühlkette Deutschlands zu vergleichen sind. Sieht man die von Fliegen umschwirrten Hühnerbeine, die auf einem südlichen Markt bei 30 Grad in der Sonne präsentiert werden, vergeht einem der Appetit. Kein Wunder also, dass immer mehr Camper während ihrer Reisen überwiegend vegetarisch oder vegan leben.
Was das Campen für uns als Vegetarier sehr attraktiv macht, ist die Möglichkeit, unsere Lieblingsrezepte zu kochen. Egal in welchem Land wir sind, wir müssen uns nicht auf Beilagen beschränken, sondern können eigene Gerichte kochen. Und dass man auch beim Campen nicht auf gutes Essen verzichten muss, ist selbstverständlich. Denn man hat ja viel Zeit! So haben wir über die Jahre verschiedene Gerichte ausprobiert, drinnen und draußen auf Gas oder offenem Feuer gekocht und durch eine Pfanne mit Deckel einen Backofen fast kompensiert.

Herde im Wohnwagen und Wohnmobilen werden meistens mit Gas betrieben

Wichtig ist uns, dass die Zubereitung schnell und einfach ist. Wir verzichten auf Gerichte mit sehr vielen Zutaten und genießen frisch zubereitetes Gemüse mit kleinen Raffinessen. Kleine Inspiration gefällig?

REZEPTE

Caprese mit Ei & Parmesan

Für 2 Personen | 25 Min. Zubereitung

3 Eier (M)
1 EL Honigsenf
½ EL Aceto balsamico bianco
1 EL Olivenöl
Salz, Pfeffer
2 Tomaten
2 Stängel Basilikum
1 EL Pinienkerne
15 g Parmesan (am Stück)

Die Eier je nach Wunsch in 6–7 Min. wachsweich oder in 8–10 Min. hart kochen. Dann abgießen und in kaltem Wasser auskühlen lassen, anschließend schälen und der Länge nach in dünne Scheiben schneiden. Inzwischen für das Dressing Senf, Essig und Öl verrühren, mit Salz und Pfeffer würzen. Die Tomaten waschen und in dünne Scheiben schneiden, dabei die Stielansätze entfernen. Die Basilikumblätter von den Stängeln zupfen. Die Pinienkerne in einer Pfanne hellbraun anrösten und sofort wieder herausnehmen. Ei- und Tomatenscheiben abwechselnd dachziegelartig auf einer großen Platte oder auf zwei Tellern auslegen. Mit Salz und Pfeffer würzen und mit dem Dressing beträufeln. Die Basilikumblätter und die Pinienkerne darüberstreuen. Den Parmesan mit dem Sparschäler in Späne hobeln und über der Caprese verteilen. Dazu passen Brötchen oder knuspriger Toast.

TIPP

Auch sehr lecker: Das Honig-Senf-Dressing nach Belieben durch helle oder dunkle Balsamico-Creme ersetzen.

Couscoussalat

Für 2 Personen | 20 Min. Zubereitung

- 100 g Couscous
- 1 TL gekörnte Gemüsebrühe
- 1 TL getrockneter Dill
- 1 kleiner Radicchio
- 2 EL Öl
- 3 EL Orangensaft
- 1 EL Weißweinessig
- 2 TL Honig
- Salz, Pfeffer
- 100 g kernlose Weintrauben
- 100 g Räuchertofu
- ½ Beet Kresse

Den Couscous mit gekörnter Brühe und Dill in einer Schüssel mischen, salzen und pfeffern. Mit 180 ml kochendem Wasser übergießen und 8 Min. zugedeckt quellen lassen. Inzwischen den Radicchio waschen, den harten Strunk entfernen, die Blätter in Streifen schneiden. Den Radicchio in einer Servierschüssel mit 1 EL Öl, dem Orangensaft, Essig, Honig und 1 Prise Salz mischen, etwas durchkneten und durchziehen lassen. Die Weintrauben waschen, von den Stielen zupfen und nach Belieben halbieren. Den Räuchertofu würfeln und in einer Pfanne im restlichen Öl rundherum anbraten. Den gequollenen Couscous etwas auflockern und mit den Weintrauben und dem Tofu zum Radicchio geben. Alles durchrühren und mit Salz und Pfeffer abschmecken. Die Kresse mit einer Schere abschneiden und darüberstreuen.

Lauwarmer Gemüsesalat mit Feta

Für 2 Personen | 50 Min. Zubereitung

1 Zwiebel
2 Knoblauchzehen
1 kleiner Zucchino
1 rote Paprikaschote
1 kleine, schmale Aubergine
1 Handvoll Basilikumblättchen
200 g Schafskäse (Feta)
2 EL Kokosöl (oder anderes Pflanzenöl)
2 EL Tomatenmark
knapp 100 ml Aceto balsamico
10 schwarze Oliven (entsteint)
6 in Öl eingelegte, getrocknete Tomaten
3 EL Olivenöl, Salz, Pfeffer
1 EL Kokosraspel (nach Belieben)

Die Zwiebel schälen und in Würfel schneiden. Die Knoblauchzehen schälen, halbieren und mit dem Handballen andrücken. Zucchino waschen, putzen und schräg in Scheiben schneiden. Die Paprika längs halbieren, putzen, entkernen, waschen und in größere Stücke schneiden. Die Aubergine quer in runde Scheiben schneiden. Die Basilikumblättchen in einem Sieb abbrausen, trocken tupfen und grob hacken. Den Feta in kleine Würfel schneiden. Die Auberginen in einer Pfanne (möglichst beschichtet) ohne Fett bei mittlerer Hitze in 8–10 Min. von beiden Seiten goldbraun braten, dann in eine Schüssel geben. Das Kokosöl in der Pfanne erhitzen. Zwiebelwürfel, Knoblauch, Paprika und Zucchinischeiben darin in 8–10 Min. bei mittlerer Hitze leicht braun braten, dabei mehrmals wenden. Auberginen und Tomatenmark dazugeben und ca. 2 Min. mitbraten. Den Balsamico angießen und kurz einkochen lassen. Dann das Gemüse aus der Pfanne mit den Oliven in die Schüssel geben. Die getrockneten Tomaten gut abtropfen lassen, in feine Streifen schneiden und untermischen. Alles kurz abkühlen lassen, dann mit dem Olivenöl vermischen. Den Salat mit Salz und Pfeffer abschmecken, mit Basilikum und Feta bestreuen und lauwarm servieren. Nach Belieben mit Kokosraspeln garnieren.

Asiatischer Mango-Sellerie-Salat

Für 2 Personen | 30 Min. Zubereitung

2 Stangen Staudensellerie
½ rote Paprikaschote
1 Mango
1 kleine rote Zwiebel
1 kleines Stück rote Chilischote
2 kleine Handvoll gesalzene Erdnusskerne
1 Handvoll Korianderblättchen mit zarten Stielen
1 Limette
4 EL Sojasauce
3 EL Sesamöl
½ EL Honig, Salz, Pfeffer
1 EL Sesamsamen (nach Belieben)
½ Handvoll Mungobohnensprossen (nach Belieben)

Die Selleriestangen mit dem Sparschäler schälen und waschen. Die Paprikahälfte putzen, entkernen und waschen. Sellerie und Paprika in feine Streifen schneiden Die Mango schälen. Das Fruchtfleisch vom Stein schneiden und in feine Streifen schneiden. Die Zwiebel schälen und ebenfalls in feine Streifen schneiden. Chili putzen, entkernen, waschen und fein schneiden. Die Erdnüsse grob hacken. Das Koriandergrün in einem Sieb abbrausen, trocken tupfen und mit den zarten Stielen grob hacken. Die Sellerie-, Paprika- und Mangostreifen mit Zwiebelstreifen und Chili in eine Schüssel geben. Die Limette halbieren und mit der Hand über der Schüssel auspressen. Sojasauce, Sesamöl, Honig und zwei Drittel der Erdnüsse dazugeben und alles gut vermischen. Den Salat mit Salz und Pfeffer würzen. Das Koriandergrün untermischen und den Mango-Sellerie-Salat ca. 10 Min. ziehen lassen. Dann mit den restlichen Erdnüssen und nach Belieben auch noch mit Sesamsamen und Sprossen bestreuen und servieren.

Bohnen-Kichererbsen-Eintopf mit Mais

Für 2 Personen | 1 Std. Zubereitung | 4 Std. Einweichen

60 g schwarze Bohnen
80 g Kichererbsen
1 Zweig Rosmarin, 4 Stängel Majoran
1 Möhre
1 rote Zwiebel
2 EL Kokosöl (oder anderes Pflanzenöl)
4 EL Tomatenmark
150 ml Rotwein
500 ml Gemüsebrühe (Instant)
2 Lorbeerblätter
100 g Maiskörner (aus der Dose)
Salz, Pfeffer
2 EL saure Sahne (nach Belieben)

Die Bohnen und die Kichererbsen mindestens 4 Std. in reichlich Wasser einweichen (am besten über Nacht). Hülsenfrüchte in ein Sieb abgießen und abtropfen lassen. Rosmarin und Majoran abbrausen und trocken schütteln. Die Nadeln bzw. Blättchen abstreifen bzw. abzupfen und hacken. Die Möhre und die Zwiebel schälen und würfeln. Das Kokosöl in einer Pfanne (oder einem Topf) erhitzen. Die Möhren- und Zwiebelwürfel darin 2–4 Min. andünsten. Kichererbsen, Bohnen und Tomatenmark dazugeben und kurz bei großer Hitze anrösten. Den Rotwein dazugießen und zu zwei Dritteln auf ca. 50 ml einkochen lassen. Dann die Gemüsebrühe mit Rosmarin, Majoran und Lorbeerblättern dazugeben und aufkochen. Alles ca. 45 Min. bei kleiner Hitze mit halb aufgelegtem Deckel köcheln lassen, bis die Bohnen und Kichererbsen weich sind. Zum Schluss den Mais abtropfen lassen, zum Eintopf geben und miterhitzen. Bei Bedarf noch etwas Wasser unterrühren. Den Eintopf mit Salz und Pfeffer abschmecken. Nach Belieben noch etwas saure Sahne darüberklecksen und servieren.

Gelbes Linsen-Gemüse-Curry

Für 2 Personen | 40 Min. Zubereitung

240 g Wildreis
1 Zimtstange
1 Möhre
½ rote Paprikaschote
80 g grüne Bohnen
1 Zwiebel, 2 Knoblauchzehen
1 Handvoll Korianderblättchen mit zarten Stielen
1 EL Kokosöl (oder anderes Pflanzenöl)
2 EL gelbe Currypaste
1 Dose Kokosmilch (400 g)
100 g rote Linsen
Chiliflocken, Salz, Pfeffer

Den Wildreis mit der Zimtstange und 2 Tassen Wasser (ca. 600 ml) in einer Pfanne oder einem Topf in 25–30 Min. zugedeckt gar kochen lassen, bis das Wasser vollkommen aufgesogen ist. Dann den fertigen Wildreis, falls nötig, noch kurz warm halten. Inzwischen die Möhre schälen und in dünne Streifen schneiden. Die Paprikahälfte putzen, entkernen, waschen und würfeln. Die Bohnen waschen, putzen und halbieren. Die Zwiebel schälen und grob würfeln. Knoblauch schälen und in Scheiben schneiden. Das Koriandergrün in einem Sieb abbrausen, trocken tupfen und grob hacken. Das Kokosöl in einer Pfanne oder einem Wok erhitzen. Die Zwiebelwürfel und den Knoblauch darin bei kleiner Hitze glasig andünsten. Die Currypaste hinzufügen und kurz bei größerer Hitze mitrösten. Die Kokosmilch dazugießen und aufkochen. Die Linsen dazugeben und alles 10–15 Min. köcheln lassen. Möhre, Paprika und Bohnen dazugeben und alles weitere 5–7 Min. köcheln lassen. (Das Gemüse sollte knackig bleiben.) Falls das Curry zu dickflüssig ist, etwas Wasser dazugeben. Zum Schluss das Koriandergrün dazugeben. Das Curry abschmecken und, falls nötig, mit Chiliflocken, Salz und Pfeffer nachwürzen. Das Curry mit dem Wildreis servieren.

Risotto mit Radicchio

Für 2 Personen | 20 Min. Zubereitung

½ Radicchio
1 Knoblauchzehe, 1 rote Zwiebel
Je 1 EL Butter und Olivenöl
250 g vorgegarter Risottoreis (mit Safran)
600 ml Gemüsebrühe
2 EL Balsamico-Creme
2 EL geriebener Parmesan
Salz, Cayennepfeffer

TIPP

Köstlich als feine Beilage oder als vegetarisches Hauptgericht: Dann aber gleich die doppelte Menge kochen.

Radicchio putzen, waschen und in dünne Streifen schneiden. Knoblauchzehe schälen und fein hacken, Zwiebel schälen und klein würfeln. Butter und Olivenöl in einer großen Pfanne erhitzen. Die vorbereiteten Zutaten darin 3–4 Min. bei mittlerer Hitze andünsten. Risottoreis unterrühren und Gemüsebrühe untermischen. Den Reis nach Packungsanweisung unter Rühren etwa 12 Min. bei schwacher Hitze köcheln lassen. Balsamico-Creme und geriebenen Parmesan untermischen. Risotto mit Salz und Cayennepfeffer abschmecken. Vom Herd nehmen und 2–3 Min. zugedeckt ziehen lassen, servieren.

Zucchinipasta

Für 2 Personen | 20 Min. Zubereitung

250 g Nudeln (z. B. Spaghettini)
250 g Zucchini
2–3 EL Olivenöl
1 Handvoll Basilikumblättchen
2 EL Butter
2 EL geriebener Pecorino
Salz, Pfeffer

Die Nudeln nach Packungsanweisung in reichlich kochendem Salzwasser al dente garen, in ein Sieb abgießen, abtropfen lassen. Inzwischen die Zucchini waschen, putzen und in dünne Scheiben hobeln. Das Olivenöl in einer großen beschichteten Pfanne erhitzen. Die Zucchinischeiben darin bei mittlerer Hitze von jeder Seite 3–4 Min. braten, bis sie goldbraun sind. Die Basilikumblättchen fein hacken und mit der Butter zu den Zucchinischeiben geben, alles weitere 2–3 Min. braten. Die abgetropften Nudeln und den Pecorino mit in die Pfanne geben, alles gut vermischen. Die Zucchinipasta kräftig mit Salz und Pfeffer abschmecken.

Kartoffel-Gemüse-Rösti mit Joghurt-Dip

Für 2 Personen | 45 Min. Zubereitung

Für die Rösti:
3 festkochende Kartoffeln
1 Möhre, 1 Zucchino
1 TL gemahlener Kreuzkümmel
¼ TL gemahlener Koriander
3 Zweige Rosmarin, Salz, Pfeffer
Kokosöl (oder anderes Pflanzenöl)

Für den Joghurt-Dip:
1 kleine rote Spitzpaprikaschote
1 Schalotte, 1 Stängel Majoran
200 g griechischer Joghurt
1 TL Harissa (scharfe Würzpaste)
1 Knoblauchzehe
Salz, Pfeffer

Für die Rösti die Kartoffeln mit einer Röstiraffel oder einer Reibe grob raffeln. Die Kartoffelmasse mit etwas Salz bestreuen und kurz ziehen lassen. Dann die Masse mit beiden Händen leicht auspressen. Für den Joghurt-Dip die Spitzpaprika längs halbieren, putzen, entkernen, waschen und klein würfeln. Die Schalotte schälen und hacken. Den Majoran abbrausen und trocken schütteln. Die Blättchen abzupfen und fein hacken. Paprika, Schalotte und Majoran mit dem Joghurt und Harissa mischen. Den Knoblauch schälen und zur Joghurt-Mischung pressen. Den Dip mit Salz und Pfeffer abschmecken und beiseitestellen. Für die Rösti die Möhre schälen und raffeln. Zucchino waschen, putzen, ebenfalls raffeln und mit Möhre und Kartoffeln mischen. Den Rosmarin abbrausen und trocken schütteln. Die Nadeln abstreifen, fein hacken und mit Kreuzkümmel, gemahlenem Koriander, Salz und Pfeffer zur Röstimasse geben. Reichlich Kokosöl zum Braten in einer Pfanne erhitzen. Für jede Rösti ein Viertel der Masse hineingeben und bei mittlerer Hitze in jeweils 5–8 Min. pro Seite goldbraun braten. Die Kartoffel-Gemüse-Rösti heiß aus der Pfanne mit dem Joghurt-Dip servieren.

Süßkartoffel-Falafel-Taler

Für 2 Personen | 30 Min. Zubereitung

100 g getrocknete Kichererbsen
1 Knoblauchzehe
100 g Süßkartoffeln
1 EL TK-Petersilie
1 ½ EL Zitronensaft
1 TL Currypulver
½ TL Honig
Salz, Pfeffer
Öl

Am Vortag die getrockneten Kichererbsen in reichlich Wasser über Nacht einweichen, dann am nächsten Tag in ein Sieb abgießen und abtropfen lassen. Die Knoblauchzehe schälen und grob würfeln. Süßkartoffeln schälen, eine Hälfte klein würfeln, die andere fein reiben. Die Kichererbsen mit den Süßkartoffelwürfeln, Knoblauch, der TK-Petersilie, Zitronensaft, Currypulver und Honig mit einem Pürierstab fein pürieren. Die Kartoffelraspel untermischen. Die Falafelmasse mit Salz und Pfeffer würzen und zu 4 Talern formen. In einer großen, tiefen Pfanne Öl (2 cm hoch) erhitzen. Darin die Taler bei mittlerer Hitze auf beiden Seiten in je 3–4 Min. knusprig braten. Auf Küchenpapier entfetten. Mit einem Joghurt-Dip und Salat servieren.

KEIN CAMPING OHNE LAGERFEUER

Gibt es etwas Schöneres, als einen gelungenen Tag abends am Lagerfeuer ausklingen zu lassen, während man der Brandung oder dem Plätschern des Baches lauscht? Wohl kaum! Lagerfeuer gehört zum Campen wie der Deckel auf den Topf.

Ein Lagerfeuer muss gut vorbereitet und mit Steinen gesichert werden

Das wissen auch Campingplatzbetreiber und bieten Vorrichtungen für Lagerfeuer oder Grillplätze an. Positiver Nebeneffekt: Der Rauch des Feuers hält Mücken und andere Insekten fern.

Campt man außerhalb eines Campingplatzes und einem Lagerfeuer steht nichts im Wege, gräbt man ein etwa 30 Zentimeter tiefes Loch und legt Steine darum. Nun sammelt man Holz verschiedener Stärken. Vor allem benötigt man Reisig, um das Feuer zu entfachen. Nun etwas Papier zerknüllen, darüber locker Karton legen und um diesen Haufen ein Tipi aus kleinen Ästen stapeln. Jetzt das Papier anzünden und warten, bis auch das Reisig brennt. Dann schnell immer dickere Äste nachlegen. Wenn die Flammen wohlig prasseln, kann man Kartoffeln, Fisch, Brot, gefüllte Aubergine oder Zucchini zubereiten.

Der Hunger ist noch nicht gestillt und ein Grillrost liegt parat? Prima! Einfach zwischen zwei Steinen über die Glut legen und grillen. Alternativ kann man einen Topf auf die Steine stellen, sodass er über dem Feuer „hängt". Natürlich kann man auch einen Schwenkgrill nehmen oder aus zwei Stämmen mit Astgabel und einem langen weiteren Stamm ein mittelalterliches Gerüst bauen, an welches man einen Topf an einer Kette hängt. Es gibt unzählige Möglichkeiten! Zum Kochen auf dem Feuer eignen sich gusseiserne Töpfe oder Pfannen – Alupfannen brennen leicht durch.

WICHTIG

Man sollte sich im Vorfeld informieren, ob ein Lagerfeuer entzündet werden darf. Bei großer Trockenheit und damit hoher Brandgefahr sowie in vielen Nationalparks ist es untersagt.

Wichtig ist es, auf einen gebührenden Abstand zu den Flammen und zur Glut zu achten. Gegrillt und gebacken wird erst in der Glut, da die wilden Flammen das Essen sonst versengen könnten.

BACKEN

Backen? Ja, richtig gelesen! Über einem Feuer kann man auch backen, es gibt verschiedene Möglichkeiten.

Backen in der Glut

Backen in der Glut ist unsere Lieblingsmethode. Wenn das Feuer genügend Glut entwickelt hat, schiebt man etwas davon an die Seite und wartet, bis sie grau wird. Das bedeutet, dass sie nicht mehr ganz so heiß ist. Nun legt man einen Brotfladen, eine Banane, Kartoffel oder Ähnliches ohne Alufolie hinein. Die Hitze ist hier nicht mehr so stark und das Essen wird schnell gegart und gebacken. Die Asche schüttelt man einfach ab. Klopft man auf das Brot und es klingt hohl, ist es fertig. Das Brot schmeckt wunderbar rauchig nach Holzofenbrot. Verfeinern kann man den Brotteig mit Zwiebeln, Kräutern und Paprikapulver.

Auch im Topf kann man über offenem Feuer Brot und Kuchen backen

Backofentöpfe

Um einen Backofen zu simulieren, braucht man rundherum Wärme. Diese bekommt man schlicht und einfach durch einen Topf mit Deckel. Auf den Boden des Topfes legt man Steine oder Alufolienkugeln, darauf die Brotfladen und schließt den Deckel. Nun den Miniofen auf einen Rost oder direkt in die Glut stellen. Die Kugeln am Boden verhindern das Anbrennen. Trotzdem muss man kontrollieren, ob es nicht zu heiß wird! Die Luxusvariante besteht aus zwei Töpfen, bei denen der kleinere in den größeren passt. Man füllt den größeren Topf etwa 5 cm hoch mit Wasser, stellt den kleineren Topf in das Wasserbad, gibt den Teig hinein und schließt beide Deckel. Das Wasser verhindert das Anbrennen und sorgt für eine sich gleichmäßig verteilende Wärme. Zwar sieht jeder Kuchen und jedes Brot nach Fladenbrot aus, aber das tut dem Geschmack keinen Abbruch.

Ein HIghlight für Kinder ist das Backen von Stockbrot überm Lagerfeuer

TIPP DER AUTORIN

Stockbrot am Lagerfeuer, der Klassiker

Für ca. 6 Personen | 20 Min. Zubereitung

Für ein köstliches Stockbrot gibt man 1 Pck. Trockenhefe und etwas Zucker in eine Schüssel. Jetzt etwa 200 ml Wasser hinzufügen und die Mischung umrühren. Nach Geschmack würzt man mit Salz, fein gehackten Zwiebeln, Kräutern und Paprikapulver. Etwa 500 Gramm Mehl dazugeben, alles gut verrühren und anschließend den Teig durchkneten. Je nach Bedarf gibt man Wasser oder Mehl hinzu, bis der Teig nicht mehr an den Händen klebt. Je länger man knetet, desto besser geht der Teig auf und desto fluffiger wird die Füllung. Die Schüssel anschließend mit einem feuchten Tuch bedecken und den Teig eine halbe Stunde gehen lassen. Danach noch einmal durchkneten und mit den Händen dünne Schlangen formen. Die Teigschlange um einen geschälten, angespitzten, daumendicken Ast wickeln und den Teig gut andrücken. Das Stockbrot in gebührendem Abstand über Feuer oder Glut halten, den Stock immer wieder drehen, damit der Teig nicht anbrennt. Guten Appetit!

CAMPER-STECKBRIEF

KIRK

Alter: 33
Instagram: @Impact.Overland
Website: www.ImpactOverland.com
Unterwegs seit: Unzähligen Monaten und Trips seit 2010, auf diesem Trip seit November 2019
Ausgaben pro Monat: 2 500 $ (für meinen Bruder und mich in Südamerika, er fährt auf seinem Motorrad)
Autoname: Spock, weil ich Captain Kirk bin
Marke: Ford Transit Van
Baujahr: 2017
Anschaffungskosten: 50 000+ $
Seitdem reingesteckt: 50 000+ $
Vorteile dieses Mobils: Allrad, rollstuhlfreundliches Appartment, alles ist für meine Bedürfnisse eingerichtet, klein genug, um enge Gassen zu erkunden, passt für internationale Verschiffungen in einen Container
Nachteile dieses Mobils: Benziner, daher kein geringer Verbrauch und damit teuer, keine Innendusche, zieht ungewollte Aufmerksamkeit auf sich

Was hat dich zum Reisen motiviert?

Ich reise, um die Welt zu sehen, um mit unterschiedlichen Kulturen zu interagieren, um Fotos zu machen und Perspektiven zu ändern. Während der Reise möchte ich anderen helfen.

Welches ist dein Lieblingsland und warum?

Für ein Lieblingsland kann ich mich nicht entscheiden, da ich verschiedene Orte aus unterschiedlichen Gründen mag. Aber an Patagonien habe ich mein Herz verloren.

Wie lange oder oft reist du?

Normalerweise bin ich ein paar Wochen oder Monate unterwegs. Eine Basis zu haben und von dort wieder zu starten, passt einfach zu meinem Job. Aber dieses Mal werde ich etwa ein Jahr unterwegs sein, da ich meinen Van so weit verschifft habe.

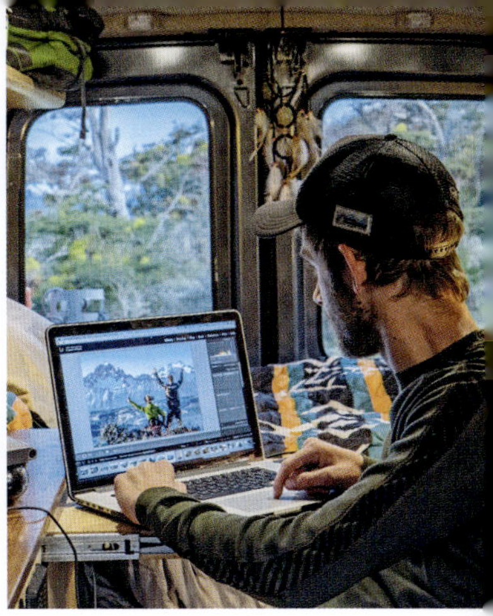

Wie würdest du deinen Reisestil beschreiben?

Auf einem Campingplatz bleibe ich selten, denn ich hasse es, fürs Campen zu bezahlen! Stattdessen bin ich lieber weit weg von anderen draußen in der Natur und erkunde neue Gegenden mit guten Freunden oder meinem Hund.

Wie finanzierst du dich?

Möglich gemacht wird mir das Reisen durch verschiedene Stipendien und ein Behinderten-Einkommen von meiner Regierung in den USA. Während der Reise fotografiere und schreibe ich, um meine Abenteuer zu bezahlen.

Ich habe mich für dieses mobile Zuhause entschieden, … weil es mir ermöglicht, mit dem Rollstuhl durch die Welt zu reisen.

Das Vehikel ist besonders geeignet, … wenn man etwas mehr Platz braucht.

Die nächste Reise … würde ich nicht während einer Pandemie unternehmen.

Wozu möchtest du die Leser dieses Buches motivieren?

Ich bin als Querschnittsgelähmter hier draußen, um die Welt zu erkunden. Nur mit meinen Händen und ohne etwas unterhalb meiner Brust zu nutzen, bin ich zu diesem Lifestyle fähig – also wirst du das hoffentlich auch sein. Keine Ausrede! Und ich will andere lehren und dazu inspirieren, ein erfülltes Leben zu leben. Außerdem sammle ich Geld, damit Menschen in Entwicklungsländern Rollstühle bekommen, die sich diese nicht leisten können.

Wie lautet dein Motto?

Meiner Meinung nach geschieht alles aus einem Grund und es ist gut, Risiken einzugehen und Ja zu sagen.

WOHIN GEHT DIE REISE?

»
Einmal im Jahr solltest du einen Ort besuchen,
an dem du noch nie warst.
«

Dalai Lama

SO FINDET MAN DEN RICHTIGEN CAMPINGPLATZ

Das Reisemobil ist ausgesucht und gekauft oder gemietet, alle Umbauten und Einkäufe getätigt. Die Dokumente sind in Ordnung und nun muss man nur noch entscheiden, wohin die Reise gehen soll. Doch wichtig ist vor allem, dass jeder den für sich passenden Platz findet. Denn Familien haben andere Bedürfnisse als Alleinreisende. Daher geben wir hier zunächst ein paar Kriterien an die Hand.

Ein Stern oder fünf Sterne?

Weniger Sterne bedeutet weniger Luxus. Das heißt nicht, dass Platz und Sanitäranlagen nicht sauber sind, vielleicht ist die Ausstattung lediglich nicht hochmodern. Sterne werden für Zusatzangebote vergeben wie einen Pool, Animation oder eine Hundedusche. Das ist nicht wichtig? Wunderbar! Denn oft sind Campingplätze mit wenigen Sternen kleiner und naturnah. Weshalb sie deutlich günstiger sind. Man sollte sich überlegen, ob man einen Platz als Basisstation sucht, um Ausflüge zu unternehmen, oder ob man auf dem Platz einen Großteil seiner Zeit verbringen möchtest. Wer den ganzen Tag unterwegs ist, für den lohnt sich der Aufpreis für eine aufwendige Zusatzausstattung nicht.

WICHTIG

Hilfreich ist es, sich im Vorfeld über die Anfahrt zum Campingplatz zu informieren. Auf Google Maps kann man diese gut einsehen, zudem sollte man in Campingforen mögliche Probleme recherchieren. Noch einfacher: beim Campingplatz anfragen. Das erspart dem Mobil vielleicht eine zu steile oder zu enge Straße und damit Nerven, Zeit und Geld.

Lage

Campingplätze liegen oft in wunderschönen Gegenden, direkt am Meer oder an einem See. Wer nur Erholung braucht, der sucht sich einfach die schönste Region aus. Doch will man seinen Urlaub mit einem Städtetrip verbinden, dann sollte man überprüfen, ob der Platz in der Nähe der Lieblingsstadt liegt und ob es eine gute Anbindung an den Nahverkehr gibt.
Wie beim Wohnungsmarkt zahlt man für die beste Lage einen Aufpreis. Das gilt sowohl für die Parzelle auf dem Platz selbst (Größe/Entfernung zum Wasser), als auch allgemein für die

Lage des Platzes. Campingplätze, die etwas weiter entfernt vom Meer oder See liegen, sind in der Regel günstiger. Schön ist es außerdem, mit dem Fahrrad zum Strand zu fahren. Damit ist man flexibler, sportlicher und sieht auch mehr von der Umgebung.

EXTRATIPP

Bei der Wahl des Platzes sollte man auf das Verhältnis von Dauercampern zu Touristenplätzen achten. Ein Platz mit vielen Touristen ist oft lebhafter und offener in den Strukturen.

Barrierefreiheit

Viele Campingplätze bieten Sanitäranlagen für Rollstuhlfahrer. Ob aber das Gelände selbst, der Zugang zur Rezeption, zum Restaurant oder zum Pool barrierefrei sind, wird häufig nicht erwähnt. Ein Anruf hilft gegen Frustration vor Ort. Bequem lassen sich Kinderwagen, Rollator oder Rollstuhl über geteerte Wege, Rampen und durch breite Eingänge manövrieren. Einige Plätze verzichten gar auf allergieauslösende Pflanzen und Lebensmittel, die Schilder sind extra groß beschriftet und zusätzlich mit Braille-Schrift versehen.

Familienfreundlichkeit

Camping ist ideal für Familien. Sind Kinder gern gesehene Gäste, finden sie schnell Freunde. Eine kindgerechte Ausstattung im Sanitärbereich, Spielplätze und eine maßvolle Animation sollte der Platz anbieten. Dann können auch die Eltern mal durchatmen, denn die Kleinen sind beschäftigt und fallen abends müde ins Bett.

Sportangebot erwünscht?

Die meisten Campingplätze bieten selbst sportliche Aktivitäten an und informieren über Sportmöglichkeiten in der Umgebung. Ob Beachvolleyball, (Tisch-)Tennis, Bolzplatz, (Rad-)Wanderwege, Pool oder Wintersport – je nach Lage und Ausstattung findet jeder Gast etwas Passendes.

» Wer die Enge seiner Heimat begreifen will, der reise. Wer die Enge seiner Zeit ermessen will, studiere Geschichte. «

Kurt Tucholsky

CAMPINGPLATZ-TIPPS AUS DER REDAKTION

Noch fehlt das passende Ziel? Europas Campingplätze sind vielfältig und liegen an wunderschönen Plätzen! Ob Berge, Seen oder Strand, Heide, Wald oder Wiese, Sport oder Wellness – auf den nächsten Seiten verraten unsere Redakteure ihre Geheimtipps.

Radeln, Wassersport und mehr im Freizeitcenter Oberrhein, Baden-Württemberg

Am Campingpark 1, 77836 Stollhofen
www.pincamp.de/wb0050

Malerisch zwischen Rhein und Schwarzwald gelegen, bietet das Freizeitcenter Oberrhein eine abwechslungsreiche Landschaft. Und vieles mehr: Ein Blick aus der Vogelperspektive zeigt die wunderschöne Lage des Platzes, der sich um zwei Seen schmiegt und fast an den Rhein angrenzt. Auf dessen anderer Seite lockt das Nachbarland Frankreich. Grüne Wiesen, Bäume und Büsche und das glitzernde Blau des Wassers dominieren die Landschaft. Fast kann man hören, wie das Wasser in sanften Wellen an den Strand rollt, fast sehen, wie gemächlich und scheinbar träge der Rhein dahinzieht. Kinder springen von der schwimmenden Insel ins kühle Nass. Wer es lieber trocken mag, kann beim Angeln fürs Abendessen sorgen, beim Tennis oder (Mini-)Golf brillieren oder mit einem (E-)Bike die Gegend erkunden. Das Freizeitcenter hat für jeden etwas zu bieten. „Großer Spaß für kleine Gäste" verspricht der Platz und punktet mit zahlreichen Angeboten.

Eine Erklärung zu den Symbolen befindet sich auf der hinteren Umschlagklappe

Als Badner können wir einen Urlaub in unserer Heimat nur wärmstens empfehlen! In der Umgebung laden zahlreiche Seen und schöne Radwege zum Erkunden ein. Ein Ausflug nach Straßburg lohnt sich immer: Dort ist das Flammkuchenessen ein Muss.

TIPP

Wenn es möglich ist, sollte man einen Ausflug nach Baden-Baden zeitlich mit dem New-Pop-Festival von SWR3 abstimmen. Auch ohne Tickets ist in der Stadt abends jede Menge los.

Stadtnah im Grünen – Camping Mainz-Wiesbaden, Maaraue, Hessen

Maaraue 48, 55246 Mainz-Kostheim
www.pincamp.de/hs7600

Endlich angekommen und die geschwollenen Füße hochlegen! Nach einer Sightseeingtour im Rhein-Main-Dreieck voller Sehenswürdigkeiten und Trubel freut man sich, abends zurück zum ruhigen Campingplatz in der Maaraue zu kommen. Denn dort kann man das Treiben der Städte hinter sich lassen und Augen und Seele im Grünen unter alten Bäumen, zwischen Sträuchern, auf grünen Wiesen entspannen. Der Fokus des Platzes liegt auf Modernität und Komfort. Er ist großzügig angelegt und ermöglicht damit Privatsphäre und Ruhe nach aufregenden Tagen. Verschweigen wollen wir den Fluglärm und den nahen Rangierbahnhof nicht, aber die Lage macht einiges wett: Mit dem Rad ist man schnell in Wiesbaden und Mainz, mit der Bahn in kürzester Zeit in Frankfurt. Es gibt einen Kinderspielplatz und eine große Wiese für die kleinen Besucher sowie einen Basketballplatz und ein Volleyballfeld. Ein Freibad ist gleich nebenan.
Der Campingplatz ist zweckmäßig ausgestattet und verfügt nur über ältere Sanitäranlagen.
Mit dem Fahrrad ist man innerhalb von zehn Minuten in Rheinland-Pfalz und kann die Landeshauptstadt Mainz mit ihrem Dom, beschaulichen Gassen, zahlreichen Kneipen, leckeren Weinen und einem bunten Treiben entdecken. Vor allem zur fünften Jahreszeit wird die Einkaufsmeile „Lu" zum Paradies für all jene, die sich gern verkleiden und Schabernack treiben. „Helau zur Meenzener Fassenacht!" Oder wie wäre es mit einem Abstecher nach Wiesbaden oder Frankfurt? Alles gleich um die Ecke!

TIPP

Mit dem Frankfurter Museumspass kann man günstig die unterschiedlichsten Museen besuchen und bekommt so einen Einblick in die Vielfalt der Stadt. Eine Fahrt mit dem „Ebbelwei-Expreß" samt Frankfurter Apfelwein und Brezeln rundet den Besuch in Frankfurt ab.

Öko? Logisch! Naturpark-Camping Prinzenholz in Eutin, Schleswig-Holstein

Prinzenholzweg 20, 23701 Eutin
www.pincamp.de/sl8300

Wer möchte nicht aufwachen und den Blick über den See schweifen lassen? Das blaue Wasser funkeln sehen, um sich dann für eine morgendliche Runde Schwimmen vor dem Frühstück ins kühle Nass zu stürzen? Die Lungen mit der frischen sauberen Luft füllen, tief durchatmen und entspannen? Auf dem terrassenartig angelegten Natur-Campingpark Prinzenholz wird dieser Traum wahr! Dieser inhabergeführte Campingplatz legt großen Wert auf Umweltschutz und Naturnähe: Brauchwasser wird über Solarenergie aufgeheizt, die Toiletten mit Wasser aus dem See betrieben.

Der Kellersee lässt die Herzen der Wasserratten höherschlagen: Segeln, Surfen, Wasserski, Kanufahren – hier kann man sich ausprobieren. Wer lieber an Land unterwegs ist, kann sich beim Geocaching, der modernen Schnitzeljagd, oder auf den über 60 km langen Wasserwanderwegen austoben. Pferdeliebhaber können ihren Vierbeiner im angrenzenden Reitstall unterbringen.

Gourmets dürfen nach einem Tag auf der nicht weit entfernten Golfanlage die Käsestraße entdecken und in über 30 Käsereien von den leckeren Sorten kosten.

Die Lage des Platzes mitten in einem Naturpark, umgeben von einer wunderschönen Landschaft, könnte schöner kaum sein und bietet sich hervorragend zum Erkunden an. Wer weiß, vielleicht gibt es dort sogar Laubfrösche oder einen Eisvogel?

FKK und Ecocamping auf dem Naturcampingpark Rehberge bei Lyching, Brandenburg

Lychener Str. 8, 17279 Lychen
www.pincamp.de/bd0910

Was blitzt denn da zwischen den Bäumen hervor und betrachtet uns scheu mit großen Augen? Ist das etwa ein Reh? Die Chancen stehen gut, denn nicht umsonst trägt der Naturcampingpark Rehberge seinen Namen. Siebenseen lautet ein Teil der Homepage und schon dieser lädt zum Träumen ein – sieben Zwerge, sieben Berge, sieben Seen. Die Seele baumeln lassen und verweilen, so sieht der Alltag vieler Camper auf dem naturbelassenen, gestuften und hügeligen Gelände des Naturcampingparks Rehberge aus. Dieser liegt in einem Kiefernwald direkt am Wurlsee und ist vor allem für Camper mit Zelt und Wasserwanderer ausgelegt.

Eine Besonderheit hier ist der FKK-Bereich rund um den See, der zum Sonnen, Schwimmen oder Bootsfahren einlädt. Noch ein Extra: Der Platz wird nachhaltig geführt und ist von ECOCAMPING e. V. ausgezeichnet worden. Ökostrom, naturbelassene Wiesen und Hecken und Nistkästen für Insekten sei Dank. So macht Campen Spaß.

TIPP

Wer naturnah Campen will, wird auch auf der Seite www.ecocamping.de fündig. Dessen Symbol wird auch auf www.pincamp.de angezeigt.

Für wagemutige Abenteurer im schwebenden Zelt – Cloefhänger, Mettlach im Saarland
Samstags, Juni-September

Cloefstraße, 66693 Mettlach
www.cloefhaenger.com

Cliffhanger? Kennt man das nicht aus Büchern oder Serien? Ja, aber hier wird es real!
Denn die Cloefhänger aus Mettlach haben sich etwas Besonderes ausgedacht: Im Naturschutzgebiet an der Saarschleife wird direkt an der Kante der Saarsteilhänge in zwei Metern Höhe genächtigt. Von dort eröffnet sich ein spektakuläres Panorama über den Naturpark Saar-Hunsrück. Diese Nacht ist eine der besonderen Sorte, denn nach einer Einweisung wird das schwebende Zelt in den Bäumen installiert. Das stärkt den Gemeinschaftsgeist ebenso wie das gemütliche Abendessen am Lagerfeuer, bei dem sich die Camper kennenlernen können. In der Nacht ist man der Natur ganz nah, atmet deren Düfte und lauscht deren Klänge, während man den Sternenhimmel beobachtet. Um am Morgen den Nebel zu sehen, der tief unten das Tal bedeckt.

Kunst und Kultur nahe dem Kassel Camping- & Wohnmobilplatz

Giesenallee 9, 34121 Kassel
www.pincamp.de/hs0850

Alle Jahre wieder zieht es Kunstliebhaber zur Documenta nach Kassel. Toll ist es, wenn man sich nach einem Tag voller Kunst in sein mobiles Zuhause auf dem ruhig und direkt an der Fulda im Grünen gelegenen Campingplatz zurückziehen kann. Um von dort am nächsten Tag wieder schnell zu Fuß oder per Bus ins Zentrum zu gelangen.
Der Weg entlang der malerischen Aue der Fulda lädt zum Wandern ein. Der Stadtpark Karlsaue und das Gelände der Bundesgartenschau sind zu Fuß erreichbar. Auch Vierbeiner können sich über Ruhe, Erholung und ausgedehnte Wanderungen freuen. Erkundungen per Ruderboot, Kanu oder Fahrrad bieten sich an, ein Hallen- und Freibad erreicht man ebenfalls nach einer kurzen Wanderung von 1,5 km. Etwa so weit ist es auch bis zum nächsten Supermarkt.
Damit ist der Platz die ideale Erholungsoase nach einer ausgiebigen Städtetour ins 3 km entfernte Stadtzentrum.
Tipp der Autorin: Natürlich hatten wir beim geplanten Besuch der Documenta nicht im Vorfeld reserviert. Daher mussten meine Freundinnen und ich unser Lager auf der gegenüber liegenden Wiese aufschlagen, was heute allerdings nicht mehr möglich ist. Daher die unbedingte Empfehlung: Während der Documenta sollte man rechtzeitig einen Platz reservieren. Wir genossen die Ruhe und Abgeschiedenheit und konnten uns von den turbulenten Tagen in der Stadt erholen. Für den kleinen Hunger zwischendurch gibt es an der Rezeption Snacks.
Ein Platz, der zwar nicht mit vielen Zusatzangeboten aufwarten kann, aber durch seine Lage in der Natur und doch nah an der Stadt besticht.

TIPP

Während der Documenta ist der Platz schnell ausgebucht.

Barrierefrei und familienfreundlich auf dem Campingplatz Pommernland in Zinnowitz, Mecklenburg-Vorpommern

Dr.-Wachsmann-Str. 40, 17454 Zinnowitz
www.pincamp.de/mk3170

Reif für die Insel? Dann heißt es, die Anker lichten und auf dem naturbelassenen Familiencampingplatz in der Ostsee auf der Insel Usedom anlanden. Dort kann man in einem lichten Kiefernwald und bei lockerer Atmosphäre ohne Parzellierung das Lager aufschlagen und neben einer hügeligen Dünenlandschaft einen Bade- und Strandurlaub mit der ganzen Familie verbringen. Zum Strand ist es nicht weit, und dieser lockt mit feinem Sand und den typischen, geflochtenen Strandkörben. Diese werden übrigens in Heringsdorf in Handarbeit hergestellt. Das Gelände des Platzes ist großzügig angelegt, naturnah und verspricht viel Ruhe.

Das Freizeitangebot bietet etwas für Groß und Klein: Es gibt einen Abenteuerspielplatz mit Piraten-Kletterwald für angehende Seeräuber, eine Bibliothek für Leseratten und Tischtennis für Teamplayer. Fernsehfreunde allerdings könnten sich über den schlechten Satellitenempfang ärgern. Ein Grund mehr, Zeit im Freien zu verbringen.

TIPP

Weitere barrierefreie Unterkünfte findet man auch auf der Homepage www.barrierefreie-urlaubswelt.de

Urig beim Bauernhof-Camping Wyler in der Schweiz

Sustenstraße 32, 3862 Innertkirchen, Schweiz
www.pincamp.de/pin_231009

Schweiz – bei diesem Land denkt man gleich an seine Neutralität (und die Banken), an zahlreiche Kantone, Luxus-Uhren wie Rolex, Wilhelm Tell, Käse und Schokolade; beim Klang von Toblerone, Käsefondue oder Raclette läuft einem das Wasser im Munde zusammen. Ein Schweizer Taschenmesser darf beim Campingtrip natürlich nie fehlen. Ebenso wenig die Vignette. Natürlich denkt man bei der Schweiz landschaftlich an die Alpen, und in die Berge geht es nun auch: Rustikal und angenehm campt es sich auf den großzügigen Stellplätzen des Bauernhof-Camping Wyler. Die grüne Wiese für Camper liegt idyllisch vor der Bergkulisse des Grimselpass und Sustenpass und bietet eine wunderbare Basis für Wanderungen und Ausflüge. Die Inhaber sind jung, freundlich und waschechte Landwirte aus Leidenschaft. Eine Probe ihres Könnens erhält, wer die Hofprodukte wie Alpkäse, Trockenwurst und Butter kostet.

Sportlich geht es mit Radtouren, beim Baden in Bergseen oder beim Klettern in der wunderschönen Umgebung zu. Markierte Wanderungen auf der Alp entlang von grasenden Kuhherden bietet schöne Aus- und Einblicke in die Bergwelt.

TIPP

Wer Ruhe sucht, der sollte gezielt nach kleinen, naturnahen Campingplätzen ohne Animation Ausschau halten.

Nice to know: Die Schweizer bezeichnen sich übrigens gern als Weltmeister im Recyceln. Mehr als 90 Prozent Glasflaschen, Alu- und Konservendosen werden gesammelt und recycelt. Und mehr als 80 Prozent der PET-Flaschen wiederverwendet. Hier wird mitgedacht.

Aktivurlaub auf dem Sportcamping Woferlgut bei Salzburg/Bruck bei Zell am See, Österreich

Krössenbachstraße 40, 5671 Bruck a. d. Großglocknerstr., Österreich
www.pincamp.de/sa1410

★★★★★

Österreich – ein Land des Genusses, was man vor allem bei den leckeren Desserts bemerkt: ob Apfelstrudel, Germknödel in Vanillesauce, Linzer Torte oder Kaiserschmarren, allein der Klang löst den Pawlowschen Effekt aus. Apropos Kaiser, typisch für Österreich sind natürlich auch Sisi und Franz. Und Mozart, Freud oder Falco, um nur einige Namen zu nennen.

Extremsport wird in Österreich gern betrieben. Und natürlich Skifahren, denn Österreich ist eine Skination. Kein Wunder bei dem geografischen Umfeld: Wo im Sommer bunte Blumen die Wege säumen, breitet sich im Winter eine dicke Schneedecke aus und dämpft die Schritte. Wie kleine Wattehäuschen stehen Campingvehikel dick eingepackt da, während ihre Besitzer sich im Freien tummeln, Schneemänner bauen oder Ski fahren.

Erholung bieten im Sommer auch die Wasseranlagen im Freien: als Teil des Minigolfplatzes und als See mit Bergkulisse, bei dem eine bunte Rutsche als Farbtupfer vor dem saftigen Grün der Wiesen ins Auge springt. Gebannt folgen die Augen den akrobatischen Versuchen eines Kindes bei der Balanciervorrichtung über dem Wasser, bevor es auf einem kurzen Steg zur kleinen Insel geht, um diese zu erkunden. Wem es draußen zu kalt wird, der kann sich in den gemütlichen Innenräumen zu Spiel, Sport und Essen treffen.

Sightseeing und Städtetour, Aktiv-Camping Neue Donau, Wien

Am Kleehäufel, 1220 Wien, Österreich
www.pincamp.de/wi1200

Camping muss nicht nur naturnah sein. Wer auf seinem Roadtrip auch ein paar Städte ansehen und auf Museen, Shoppen und urbane Sehenswürdigkeiten nicht verzichten will, der ist beim Campingplatz Neue Donau genau richtig. Dieser liegt im Nordosten Wiens beim Prater. Das verspricht zusätzlich Action, Riesenrad und Zuckerwatte!

Im campingeigenen Café beginnt der Tag entspannt mit einem Wiener Frühstück. So gestärkt kann die Tour starten. Sicher steht das mobile Zuhause auf dem Campingplatz, während man per nahegelegener U-Bahn oder mit dem Rad zur Sightseeingtour loszieht. Die Mitarbeiter der Rezeption geben gern Auskunft und haben Tickets und die täglichen Fahrpläne parat. Wer etwas Zeit hat, für den kann sich die 72-Stunden-Wien-Karte lohnen.

Kaffee und Kuchen dürfen in Österreich nicht fehlen und die zahlreichen Kaffeehäuser sind einen Besuch wert. Dort kann man eine landestypische Mozartkugel oder ein Stück Sachertorte zum schwarzen Gold vernaschen. Nach ausgiebigen Besichtigungen sollte man sich eine Jause, also einen „Snack", gönnen. Dieser ist meist regional und kann aus Bauernbrot, Kren (Meerrettich), Radieschen, Gurken, Käse und Wurst bestehen. Die Jause kann aber auch ein deftiges Dessert und manchmal gar Abendessen sein.

Wenn man abends todmüde von all den Eindrücken zurückkommt, kannt man hoffentlich in dem relativ lauten Umfeld schlafen. Denn die begrünten Schallschutzwälle dämpfen Bahnverkehr und Autobahnlärm zwar, können ihn aber nicht ganz abschirmen.

Hipper Städtetrip nach Amsterdam vom Camping Zeeburg, Niederlande

Zuider Ijdijk 20, 1095 KN Amsterdam, Niederlande
www.pincamp.de/wh2530

Niederlande – ein Traum für Fahrradfahrer, Käseliebhaber, Tulpenfans und Bewunderer von Windmühlen. In die Landeshauptsadt Amsterdam zieht es aufgrund seiner Grachten, Architektur, Kunst, kulinarischer Köstlichkeiten und Museen viele Besucher. Wer bei einem Städtetrip seinen Geldbeutel schonen möchte, dem bietet sich der Campingplatz Zeeburg bei Amsterdam an. Er lockt internationale junge Gäste, die hier ihr Lager aufschlagen, um die Grachtenstadt zu erkunden. Was man idealerweise mit einem Fahrrad machen kann, denn mit diesem erreicht man in ca. zehn Minuten die Innenstadt.

Der Campingplatz besteht aus viel Wiese, vereinzelten Bäumen und einem Hügel in der Mitte des Platzes auf einer Insel im Ijsselmeer. Dass Autobahn, teils Flugzeuge und eine Straße in Hörweite sind, stört die meist jungen Camper wenig. Sie haben ihr Zelt auf der Zeltwiese aufgeschlagen und sich auf den Weg in die Stadt begeben. Nur wenige sind zurückgeblieben und angeln oder surfen im kostenlosen WLAN. Oder nutzen den für Campinggäste kostenlosen Eintritt im nahen Flevoparkbad.

Die umweltbewusste Geschäftsführung hat ein Greenkey Eco Label für ihren Platz ergattert. Zudem bietet sie auch eine Sanitärkabine für mobilitätseingeschränkte Touristen, Boote und Räder können gemietet werden.

Unser Tipp: Mit einer Amsterdam-Card kann man den öffentlichen Nahverkehr nutzen und hat freien Eintritt für zahlreiche Museen und Attraktionen.

VORSICHT!

Folgt man mit einem größeren Reisemobil den Beschilderungen bei der Anfahrt nicht, sondern vertraut seinem Navi, kann es im wahrsten Sinne des Wortes eng werden!

Für Sterngucker und Träumer, Camp Møns Klint in Dänemark

Klintevej 544, 4791 Borre, Dänemark
www.pincamp.de/sj2800

Dänemark – Land der Wikinger, Lego, Gemütlichkeit, Wilde, Weite und Natur. Ein Land, in dem es beim Arbeiten entspannt zugeht: Es gibt kaum Überstunden und es wird früh Feierabend gemacht, um die Zeit mit der Familie zu verbringen. Ein Land von dessen gesundem Lifestyle wir uns eine Scheibe abschneiden können. Kein Wunder, dass es der Däne gern hyggelig mag – das ist die Steigerung von Gemütlichkeit und absolut typisch für Dänemark. Ebenso wie das Umweltbewusstsein. Fahrrad- statt Autofahren lautet hier die Devise!
Umweltbewusst geht es auch auf den naturbelassenen Wiesen in hügeliger Landschaft des Campinplatzs Møns Klint zu: Der Natur so nahe, dass man wieder eins mit ihr wird. Besonders Nachteulen, die sich gern auf eine Zeittreise begeben, können im Dark Sky Park aufgrund der geringen Lichtverschmutzung ganzjährig nachts die Sterne über dem Campingplatz funkeln sehen. Naturliebhaber und Genießer der Stille und Weite kommen hier voll auf ihre Kosten.

Kinderfreundlich gestaltet sich der Platz durch einen großen Spielplatz und eigene sanitäre Anlagen. Ein Planschbecken und Animation für die Kleinen sorgen für Begeisterung. Diese Idylle setzt der Campingplatz auf naturbelassenen Wiesen in hügeliger Landschaft fort.
Der Campingplatz wurde als einer der fünf besten Europas ausgezeichnet. Sein Motto ist es, Lebensqualität und Freude zu schaffen und zurück zur Natur zu kommen. Diese Einstellung wird durch die freie Platzwahl ohne Parzellen unterstrichen.

Kinderfreundlich im Daftö Resort, bei Västra Götaland, Schweden

Dafter 2511, 45297 Strömstad, Schweden
www.pincamp.de/sw1800

★★★★★

Wer an Schweden denkt, denkt an Astrid Lindgren, an malerische rote Holzhäuser vor einem blaugrünen See, umgeben von dichtem, sattgrünem Wald. Mit Schweden kommt der Geruch nach Zimtschnecken, Weite, Ferne und Wildnis. Die Schären kommen einem in den Sinn, die vielen Stege, von denen aus man großartig ins Wasser springen kann. Man denkt an einsame idyllische Seen und das weite Meer, die zum Kanufahren locken. Und an stille, geduldige Angler, die die Ruhe der Natur genießen und auf den großen Fang warten. Umgeben von Felsen und Wald liegen die Wiesen des Daftö Resorts zum Campen bereit. Aufgelockert wird die Landschaft hier und da durch Bäume und Büsche. Auf der einen Seite grenzt das Resort ans Wasser und bietet zahlreiche Bademöglichkeiten, auf der anderen Seite liegt ein Freizeitpark, der (Kinder-)Herzen höher schlagen lässt. Die Schweden sind sehr kinderfreundlich, daher wundert es nicht, dass Familien auf den Campingplätzen gern gesehene Gäste sind. Salz und Seegras lautet das Motto des Daftö Resorts und verspricht aufregende Abenteuer ebenso wie eine atemberaubende Landschaft und Entspannung pur!

Familienurlaub am Strand, Camp du Domaine, Côte d'Azur, Frankreich

2581, La Favière, 83230 Bormes-les-Mimosas, Frankreich
www.pincamp.de/p08750

Frankreich! Land des frischen knusprigen Baguettes, leckeren Käses, guter Weine, des Genusses und einer Sprache, die verführt. Campen wie Gott in Frankreich. Kaum an einem Ort kommt man diesem Gefühl so nahe wie an der Cote d'Azur, wo die typischen Gerüche der Provence nach Thymian, Rosmarin und Lavendel in der Nase kitzeln. Und der Name hält, was er verspricht: eine azurblaue Küste, die auch französische Riveria genannt wird. Zum Traumsommerurlaub gehören sandige Dünen, Sonne und glasklares Wasser. Am Camp du Domaine wird dieser Traum wahr, denn das Camp kann im Pinienwald oder direkt am Meer aufgeschlagen werden. Dort spendet ein Strohdach während der heißen Stunden des Tages Schatten. Viel Privatsphäre bietet der Platz durch individuelle Standplätze unter Pinien und zwischen Sträuchern.

Beim Campen zwischen Palmen und Sträuchern am Strand oder beim Aufschlagen des Zeltes im Pinienhain fühlt man sich fast wie beim Wildcampen.

Freiheit heißt auch freie Körperkultur, und diese kann man an drei FKK-Stränden, die nur wenige Meter vom Platz entfernt sind, ausleben.

Familien mit Kindern sind die Hauptzielgruppe und ihnen wird viel geboten: von Sanitäranlagen für die Kleinen, einem Babywickelraum, Spielplätzen, Miniclub, Nichtschwimmerbecken und Highlights wie Theater- oder Marionettenvorstellungen. Ein Highlight für die Großen: einfach mal abtauchen, eine neue Welt entdecken und staunen. Ganz ohne Luft und Worte. Der maritime Nationalpark Port-Cros eröffnet durch seinen Fischreichtum und eine kunterbunte Unterwasserwelt einen der besten Plätze zum Schnorcheln und Tauchen.

Barrierefrei Campen in einem riesigen Campingdorf namens Marina di Venezia, Italien

Via Montello, 6, 30013 Cavallino-Treporti, Italien
www.pincamp.de/ve5550

★★★★★

Italien – Venedig, dazu muss man nicht viel sagen! Idealer Ausgangspunkt für Touren in die Lagunenstadt ist dieses moderne Campingdorf. Auf dem XL-Campingplatz gibt es alles: angefangen von einer Einkaufs- und Flaniermeile über eine riesige Badeanlage mit Wasserspielplatz bis hin zur Ladestation für den Elektro-PKW. Ob Jung, Alt oder dazwischen, für jeden bietet dieser Campingplatz etwas: Vom Jugendtreff, „Leo Miniclub“ und Kletterturm, Gourmetküche bis hin zum Tierarzt – es gibt einfach alles. Das Dorf liegt direkt am einladenden Sandstrand, der zum Baden im Meer verlockt. Die Führung ist umweltbewusst und der Platz für sein Qualitäts- und Umweltmanagement zertifiziert. Auch die Barrierefreiheit wurde durch ein Zertifikat besiegelt. Hundefreunde sind im Areal auf einem Platz unter sich und die Vierbeiner können sich dort und am separaten Hundebadestrand beschnuppern.

TIPP

Dieser Platz ist ideal, um einen Erholungsurlaub mit einer Tour durch Venedig zu verbinden, wenn dort die Kunstbiennale stattfindet.

Groß, aber gut organisiert bietet der Platz für jeden seine Nische und ist als Ausgangspunkt für Touren in die Lagunenstadt Venedig bestens geeignet. Dort kann man sich herrlich in den Gassen verirren, Eis und die italienische Küche genießen, alte Gebäude, Architektur und Kunst bestaunen.

Glamping auf dem Luxus Campingplatz La Ballena Alegre in Spanien

Ctra. Sant Marti l'Empuries s/n,
17470 Sant Pere Pescador, Spanien
www.pincamp.de/ct1960

Spanien – das Land der Paella, großen Seefahrer und Stierkämpfe. Eine Nation voller Emotionen und Leidenschaft, die gern lacht, Flamenco tanzt, Wein trinkt und mittags Siesta macht.

★★★★★

Klare, gerade Linien, helle Farben und viel Holz beherrschen das elegante Design des glamourösen Campingplatzes in Katalonien. Stil und Luxus lassen nicht nur Designerherzen höherschlagen. Das moderne Anwesen bietet allerlei Leckerbissen fürs Auge. Hier wird nichts dem Zufall überlassen und das Auge geschickt gelenkt. Jede Pflanze hat seinen Platz, jeder Weg wurde genau geplant. Jeder Sektor ist als eine Art Straße zum Meer hin angelegt.

Die Liebe zum Detail sieht man diesem Platz an. Klarheit herrscht auch bei den Parzellen, deren Hecken akkurat geschnitten und Wiesen getrimmt sind. Jede Palme steht in ihrer Umrandung, aus der wie zum Trotz gegen die klaren Linien bunte Blumen quellen und das Bild auflockern.

Lockerer geht es im Kinderbereich zu, bei dem eine bunte Wasserlandschaft wortwörtlich übersprudelt. Bei der Planung des modern gehaltenen Platzes wurde an alles gedacht. Sei es beim Fitnessstudio mit Meerblick, bei dem man unter freiem Himmel im angenehmen Schatten bei einer leichten Meerbrise an Kursen teilnehmen kann. Oder bei den stilvoll und modern eingerichteten Sanitäranlagen mit großzügigen Fenstern.

Die abendlichen Shows sind atemberaubend und eher in einem Zirkus oder Vergnügungspark denn auf einem Campingplatz zu erwarten. Wer sich einen Luxusurlaub gönnen möchte und das vielfältige Angebot des Platzes nutzen will, kommt hier voll auf seine Kosten – Glamping at it's best!

Barrierefrei überwintern auf dem Camping Čikat, Insel Lošinj, Kroatien

Čikat 6a, 51550 Mali Lošinj, Kroatien
www.pincamp.de/hr2500

Kroatien – Land des glasklaren Wassers, der mehr als 1 000 Inseln und das Land Winnetous. Kroatien ist ein Paradies für Taucher, weshalb es auf vielen Campingplätzen Tauchstationen gibt, um die bunte Unterwasserwelt zu entdecken.

Wen es zum Überwintern in den Süden zieht, der könnte sich Camping Čikat ansehen. Der Platz ist groß und hat ein dementsprechend großes Angebot, ist aber dennoch naturnah gestaltet und für sein Umweltmanagement und Qualitätsmanagement zertifiziert. Er liegt malerisch unter Pinien an einer Meeresbucht mit glasklarem Wasser und bietet einen Blick auf die vorgelagerte Insel.

Mobilitätseingeschränkte Touristen überzeugt die V4A-Auszeichnung für behindertengerechte Gastfreundlichkeit, die höchste Auszeichnung in Europa. Umgesetzt wurde dies unter anderem durch zwei Parzellen, welche für körperlich beeinträchtigte Reisende ausgestattet wurden. Diese liegen nahe der barrierefreien Sanitäranlagen, welche komplett ausgestattet sind (Haltegriff, Wandbecken, barrierefreie Dusche mit Klappsitz). Auch zwei Mobilheime wurden extra für Reisende mit Behinderung ausgestattet. Geparkt werden kann nahe der Unterkunft. An den Stränden sorgen Betonplattformen und ein Wasseraufzug für einen leichten Einstieg ins Meer. Der Aquapark kann ebenfalls von Behinderten genutzt werden, die Pools können aufgrund des leicht abfallenden Zugangs mithilfe des Bademeisters erreicht werden. Besondere Angebote lassen Langeweile nicht aufkommen: Ob im Aquapark, im Vitalbereich mit Sportangeboten wie Yoga und Thai Chi, in Rehaprogrammen bei Beschwerden der Atemwege oder auf dem Agility-Parcours für Hund und Halter – jeder sollte etwas Passendes für sich finden.

LANGZEITREISEN IN ÜBERSEE – EIN CAMPERTRAUM

Ist man das geregelte und berechenbare Leben in Deutschland gewöhnt, so muss man sich im außereuropäischen Ausland anderen Bedingungen anpassen. Dabei entspricht die Größe der Distanz nicht zwangsläufig der Größe der Abweichungen: Marokko, das uns geografisch relativ nahe ist, ist kulturell viel exotischer als die USA oder Australien. Fakt ist, dass man im Ausland nicht alles finden wird, was man in Deutschland als selbstverständlich erachtet. Man wird Kompromisse machen, sich einschränken und umstellen müssen. Bald träumt man von der deutschen Küche mit ihren wunderbaren Kuchen, ihrem Käse und Brot, der Schokolade und den veganen Gummibärchen und man wird sie fast so sehr vermissen wie die Freunde und die Familie. Immer wieder sind wir erstaunt, wie kompliziert es sein kann, eine Adresse herauszufinden, Internet zu bekommen und generell technische Dinge zu handhaben. Irgendwann sucht man nicht mehr, sondern erstellt eine Liste und freut sich, wenn man nach einem halben Jahr etwas findet, wie beispielsweise Trockenhefe, ein Thermometer oder eine Lichterkette. Oft wundern wir uns über nicht nachvollziehbare Dinge und Vorgänge und darüber, wie die Zeit verfliegt. Die Kreativität erreicht ungeahnte Höhenflüge und man lernt, mit dem auszukommen, was man hat. Aber man lernt auch wunderbare Menschen kennen, gerät in denkwürdige Situationen, sieht atemberaubende Orte und erfährt viel Neues – über andere, aber auch über sich. Über Deutschland, über das „normale" Leben, über Hygiene, scheinbar Selbstverständliches, Regeln, Papierkrieg und noch so viel mehr. Oft wird man den Kopf schütteln und unendlich viel Zeit mit Suchen und Wundern verbringen. Aber genau das macht das Reisen aus – die Komfortzone zu verlassen und bereit für Neues zu sein.

» Reisen sollte nur ein Mensch, der sich ständig überraschen lassen will. «

Oskar Maria Graf

REISEN IN MITTELAMERIKA – ABENTEUER UND ZUFRIEDENHEIT

Nach all den praktischen Informationen, die du bekommen hast, lass dich von uns noch einmal entführen und dir einen kleinen Einblick in unsere Reise durch Mittelamerika geben. Gekocht wird meist auf offenem Feuer in einem seperaten

Eine bunte Auswahl an frischem Obst bieten die regionalen Märkte

offenen Raum, die Menschen leben in ländlichen Gebieten zum Großteil in spartanischen Hütten, schlafen in Hängematten und haben ein Plumsklo. Der Großteil der ländlichen Bevölkerung besitzt kein Auto, aber viele Kinder und Tiere. Deshalb gibt es auch all die fahrenden Händler, die mit dröhnendem Lautsprecher durch die Straßen fahren und Obst, Gemüse, Metall oder Backwaren anpreisen. Gecampt wird meist auf dem Gelände einer Familie, in deren Leben man gleich einbezogen wird. Die Einheimischen gehen auf Märkte oder kaufen regionale und saisonale Waren wie Wassermelonen und Kokosnüsse am Straßenrand. In Werkstätten wird häufig kreativ gearbeitet und improvisiert. Verkehrsschilder gibt es nur sporadisch, nicht jeder hat einen Führerschein und eine Anschnallpflicht besteht nicht. So sieht man häufig 20 Menschen auf einem Lastwagen. Die Machete ist das Werkzeug der Agrararbeiter und fast jeder Mann am Straßenrand trägt eines dieser schwertartig anmutenden Werkzeuge mit sich herum. Esel, Kühe, Schweine, Hunde und Hühner überqueren die Fahrbahn. Falls dein Mobil ein Problem hat, hältst du einfach an einer der geschätzten fünf Werkstätten pro Dorf und wirst direkt bedient. An den Grenzen hingegen ist man sehr langsam. Und nicht gerade deutsch korrekt. Da kann es schon mal vorkommen, dass der Grenzbeamte all deine Passkopien mitten im Raum liegen lässt, um mit dem Original und deinem Handy für einige Minuten zu verschwinden.

» Reisen – es lässt dich sprachlos, dann verwandelt es dich in einen Geschichtenerzähler. «

Ibn Battuta

Wundern tun wir uns noch immer täglich. Über die Bauweise mit Palmwedeln, das Fahren auf Ochsenkarren. Aber wir haben gelernt zu vertrauen, denn die Menschen sind sehr hilfsbereit, freundlich, neugierig, aber nicht aufdringlich. Sie bewundern deinen Camper, freuen sich über jedes spanische Wort und plappern munter drauflos. Sie lassen dich an ihrem Leben und ihren Mahlzeiten teilhaben und zeigen dir, wie ein entspannteres Leben aussehen kann. Ein Leben, bei dem man von seiner Familie und seinen Tieren umgeben ist, viel Zeit und Muße hat.

UNSER AKTUELLES FERNWEH-PROGRAMM
ROAD CAR
GRENZENLOS FREI
PÖSSL
das Original
Globecar
TRAVEL THE WORLD
CLEVER vans
VANSTER!
DER BUS MIT DEM PLUS
CAMPSTER!
DER EINE FÜR ALLE(S)
PÖSSL GROUP
WHAT TRAVELLING CAN BE
www.poessl-group.de

CHECKLISTEN FÜR DIE REISE

CAMPINGZUBEHÖR – DIE GRUNDLAGEN

- ☐ Schlafsack / Decke
- ☐ Kissen
- ☐ Ggf. Isomatte
- ☐ Bettwäsche
- ☐ Fußabtreter
- ☐ Handbesen, Kehrblech
- ☐ Wäscheleine, Wäscheklammern
- ☐ (Biologisch abbaubares) Waschmittel
- ☐ Eimer
- ☐ Campingtisch, -stühle
- ☐ Sonnensegel / Markise / Vorzelt
- ☐ Teppich für Vorplatz
- ☐ Heringe / (Gummi-)Hammer
- ☐ Sturmband
- ☐ Kühltasche
- ☐ LED-Licht
- ☐ Kleine Schaufel / Klappspaten

CAMPINGKÜCHE

- ☐ Kocher
- ☐ Stabfeuerzeug
- ☐ Gasanzünder
- ☐ Pfanne
- ☐ 2 Töpfe
- ☐ Salatschüssel
- ☐ Ggf. Abtropfsieb

TIPP: Eine Salatschleuder dient als Abtropfsieb und Salatschüssel

- ☐ Geschirr, Besteck
- ☐ Küchen-, Schälmesser
- ☐ Schneidebrett
- ☐ Pfannenwender
- ☐ Suppenkelle
- ☐ Grillzange
- ☐ Dosenöffner, Flaschenöffner
- ☐ Haushaltsschere
- ☐ Korkenzieher
- ☐ Taschenmesser
- ☐ Küchenreibe
- ☐ Thermoskanne
- ☐ Topflappen, Geschirrtücher
- ☐ Kaffeemaschine
- ☐ verschließbare Plastikbeutel
- ☐ Küchenrolle
- ☐ Alu-, Frischhaltefolie
- ☐ Gummibänder
- ☐ Müllbeutel
- ☐ Spülmittel
- ☐ Spülmittel, -schüssel
- ☐ Schwämme
- ☐ Ggf. Trinkwasserfilter

KLEIDUNG

- ☐ Zweckmäßige Bekleidung, zusätzlich
- ☐ Wanderschuhe
- ☐ Flipflops (für Dusche und Strand)
- ☐ Badesachen
- ☐ Lange (Wander-)Hose (mit Zip-off)
- ☐ Regenjacke, -hose, -poncho
- ☐ Multifunktionstuch
- ☐ Pareo

FREIZEIT UND SPORT

- [ ] Hängematte / aufblasbare Couch
- [ ] Luftmatratze
- [ ] Luftpumpe
- [ ] Sonnenschirm / Strandmuschel
- [ ] Picknickdecke
- [ ] Schnorchel, Taucherbrille, -flossen
- [ ] Sportequipment: Federball, Volleyball, Fußball, Frisbee, Surfbrett, Skateboard, SUP
- [ ] Fahrrad
- [ ] Angelausrüstung
- [ ] Grillutensilien
- [ ] Stifte und Marker, Schere
- [ ] Spielkarten und Spiele (Uno, Wizzard, Dominion, Schach)
- [ ] E-Book-Reader, Bücher (Skizzenbücher, Roadtripbücher, Reiseplaner)
- [ ] Hörbücher und Filme
- [ ] Laptop, Tablet, Smartphone
- [ ] Kamera und Speicherkarte
- [ ] Solarpanel
- [ ] Ladegeräte
- [ ] Powerbank
- [ ] Multitool / Taschenmesser
- [ ] Fernglas
- [ ] Kompass und Karte, Wanderführer
- [ ] Regenschirm
- [ ] Kerzen / Windlichter
- [ ] Gitarre
- [ ] Brustbeutel

REISEN MIT KINDERN

- [ ] Zweckmäßige Kleidung
- [ ] Besondere Lebensmittel
- [ ] Kindersitz
- [ ] Wickeltasche
- [ ] Kissen
- [ ] Tücher / Sonnenschutz
- [ ] Kleidung zum Wechseln
- [ ] Taschentücher und Küchenrolle
- [ ] Müllbeutel
- [ ] Spiele, Hörbücher
- [ ] Papier und Stifte für Regentage
- [ ] Strandmuschel / Sonnenschirm
- [ ] Schwimmflügel, Luftmatratze, Kächer, Strandtuch

DIE REISEAPOTHEKE

Sonnenbrand/Insektenstiche

- [ ] Sonnencreme, Insektenschutz
- [ ] Aloe vera bei Sonnenbrand
- [ ] Zeckenzange
- [ ] Elektronischer Stichheiler
- [ ] Gel oder Salbe gegen Juckreiz und Schwellungen

Erkältungen

- [ ] Halsbonbons, Ingwer-Zitrone-Honig-Tee
- [ ] Grip-Heel (homöopathisches Mittel gegen Grippe)
- [ ] Schnupfen-Spray
- [ ] Husten- und Schleimlöser
- [ ] Schmerzmittel/ Entzündungshemmer (Aspirin / Ibuprofen)

Schmerzen

- [ ] Aspirin (Kopfschmerzen)
- [ ] Paracetamol (Fieber und Schmerzen)
- [ ] Ibuprofen
- [ ] Buscopan (Regelschmerzen, Krämpfe)
- [ ] Iberogast (Blähungen, Krämpfe)

Verletzungen/Prellungen/Verstauchungen

- [ ] Antibiotische Salbe oder Jod
- [ ] Wund- und Heilsalbe
- [ ] (wasserfeste) Pflaster (Klammerpflaster)
- [ ] Mullbinden
- [ ] Augenspülung
- [ ] Calendula / Ringelblumensalbe
- [ ] Schmerzgel / -tabletten

Durchfallerkrankungen / Verstopfung

- [ ] Kohletabletten
- [ ] Electrolytlösung / -pulver
- [ ] Immodium
- [ ] Dörrpflaumen, Leinsamen

Reiseübelkeit/Schlafstörungen

- [ ] Ingwer (unter die Nase halten)
- [ ] Reisekaugummi
- [ ] Baldrian (Schlafstörung, Unruhe)
- [ ] Bachblütentropfen / Rescue-Tropfen (gegen Unruhe, Stress)

Sonstiges

- [ ] Erste-Hilfe-Set
- [ ] Verhütungsmittel
- [ ] Breitband-Antibiotikum
- [ ] Persönliche Medikamente
- [ ] Taschentücher
- [ ] Desinfizierender Alkohol
- [ ] Schere, Pinzette, Fieberthermometer
- [ ] Wärmflasche
- [ ] Teesorten (Kamille, Fenchel, Ingwer-Zitrone)

Tier-Apotheke

- [ ] Bachblütentropfen /Rescue-Pets-Tropfen (Beruhigung, gegen Stress)
- [ ] Kohletabletten (Durchfall oder Vergiftung)
- [ ] Jodsalbe / Wundsalbe (Pflege der Wunde)
- [ ] Mullbinden
- [ ] Insektenschutz, Neem-Spray oder ein Scalibor® Protectorband
- [ ] Fenistil Gel (Insektenstiche)
- [ ] Ringelblumensalbe (Ballenpflege)
- [ ] Morosche Möhrensuppe (bei Durchfall)
- [ ] Elektrolytlösung (Durchfall)
- [ ] Katzenkralle und Propolis (natürliches Antibiotikum, stärkt Abwehrkräfte)
- [ ] Joghurt oder selbst hergestelltes Sauerkraut (Probiotikum, stärkt Immunsystem)
- [ ] Kokosöl (glänzende Haut, gegen Verstopfung)

- [ ] Fieberthermometer
- [ ] Pinzette, Zeckenzange
- [ ] Ggf. Krallenschere, Zahnbürste
- [ ] Öl zur Ohrenpflege, Augensalbe
- [ ] Ggf. Medikamente

SPECIAL FÜRS REISEMOBILE

- [ ] Auffahrkeile
- [ ] Kabel(-trommel) max. 25 m
- [ ] Ggf. Verlängerungskabel
- [ ] 2 CEE-Adapter
- [ ] Wechselrichter
- [ ] Mehrfachsteckdose
- [ ] Batterien (AAA und AA)
- [ ] Rauch-, Gas-, Feuermelder
- [ ] Wasserentkeimungstabletten
- [ ] WC-Tabs oder Öle
- [ ] Faltkanister / PET-Flaschen und Trichter
- [ ] Wagenheber
- [ ] Ersatzreifen, passendes Radkreuz
- [ ] Motoröl
- [ ] Kühlflüssigkeit
- [ ] Sicherungen
- [ ] Ersatzbirnen
- [ ] Kriechöl (z. B. WD-40)

WERKZEUGKASTEN

- [ ] Schraubenzieher
- [ ] Zangen
- [ ] Gabel- und Inbusschlüssel in diversen Größen
- [ ] 1,5- bis 2,5-mm-Litzenkabel
- [ ] Allzweckschraubenzieher mit diversen Aufsätzen
- [ ] Ratsche mit Aufsätzen
- [ ] Arbeitshandschuhe
- [ ] Multimeter
- [ ] Ggf. Schneeketten
- [ ] Parkscheibe
- [ ] Abschleppseil
- [ ] Starthilfekabel
- [ ] Ersatzschlüssel
- [ ] Nähset, Bindfaden
- [ ] Sicherheitsnadeln
- [ ] Kleber (z. B. Sikaflex)
- [ ] Panzertape
- [ ] Silikon
- [ ] Isolierband
- [ ] Kabelbinder
- [ ] Draht
- [ ] Wasserwaage

Special für Wohnwagen / Faltcaravan/ Anhänger

- [ ] Deichselschloss und Kugel
- [ ] Deichselhaube
- [ ] 4 x Unterlegplatten
- [ ] Zusatzaußenspiegel

DOKUMENTE UND GESUNDHEIT

- [ ] Personalausweis / Reisepass
- [ ] Kopie vom Ausweis / Pass
- [ ] Bargeld
- [ ] EC- und / oder Kreditkarte
- [ ] (Versicherungs-)Dokumente
- [ ] Auslandskrankenversicherung
- [ ] Erste-Hilfe-Karte
- [ ] Organspenderausweis

Specials fürs Reisemobil

- [ ] Fahrzeugschein, Kopie
- [ ] Führerschein, Kopie
- [ ] „Grüne Karte“ fürs Reisemobil (v.a. außerhalb der EU)
- [ ] Ggf. internationaler Führer- und Fahrzeugschein (außerhalb der EU)
- [ ] Ggf. Vignette / Dokumente für Grenzen / Tickets

Specials für Geländewagen

Zusätzlich zu üblichen Werkzeugen können wir empfehlen:

- [ ] High-Lift-Jack (sehr hoher Wagenheber)
- [ ] Sandbleche
- [ ] Luftkompressor
- [ ] Luftdruckmesser für Reifendruck
- [ ] Manuelle Winde

VOR DER ABFAHRT

Haus und Wohnung vorbereiten

- [ ] Rauch- / Feuermelder vorhanden?
- [ ] Licht aus?
- [ ] Frostschutz bei Heizung an?
- [ ] Fenster zu?
- [ ] Kühlschrank aus? Handtuch beim Abtauen davorgelegt? Tür und Eisfach geöffnet?
- [ ] Verderbliche Lebensmittel verschenkt oder eingepackt?
- [ ] Elektronische Geräte (Fernseher, Radio, Computer, Küchengeräte etc.) vom Stromnetz getrennt?
- [ ] Herd / Backofen aus?
- [ ] Wasser bei Wasch- und Spülmaschine zugedreht?
- [ ] Ggf. Gas abgedreht?
- [ ] Haustür abgeschlossen?
- [ ] Pflege der Pflanzen organisiert?
- [ ] Rechnungen bezahlt?
- [ ] Nachsendeantrag Post erteilt?
- [ ] Ggf. netten Nachbarn instruiert, der Blumen gießt und nach dem Rechten sieht (Ersatzschlüssel, Haustiere, Post, Schneeräumen etc.)?

Reisemobil: Technik prüfen

- [ ] Reifendruck / Profiltiefe
- [ ] Motoröl, Kühlflüssigkeit, Scheibenwischwasser
- [ ] Lichter prüfen: Blinker, Bremslicht, Scheinwerfer, Rücklicht, Warnblinkanlage, Rückwärtsgang
- [ ] Hupe prüfen
- [ ] Ggf. Zusatzspiegel anbringen
- [ ] Bordwerkzeug
- [ ] Gültiger Verbandskasten / Warndreieck / Sicherheitswesten
- [ ] Feuerlöscher
- [ ] TÜV / Umweltplakette / Vignette

ALLES SICHER AN BORD?

Ladung sicher verstauen

- [ ] Schwere Gegenstände tief und in Achsennähe?
- [ ] Leichte Gegenstände oben in Schränken oder in Heckgarage verstaut?
- [ ] Rutschfeste Unterlagen in Stauraum?
- [ ] Schränke, Schubladen, Türen schließen und ggf. sichern
- [ ] Fahrrad / Kanu / Surfbrett etc. am Außenträger gesichert?

WICHTIG: Mobil wiegen: Zulässige Zuladung eingehalten? Achslast und Anhängelast bzw. zulässige Gesamtmasse eingehalten?
Reifen für Traglast ausgelegt?

Alles sichern und schließen

- [ ] Abwasser geleert?
- [ ] Toilette geleert?
- [ ] Toilettenschieber geschlossen?
- [ ] Frischwasser aufgefüllt? (Zuladekapazität beachten)
- [ ] Markise eingefahren?
- [ ] Trittstufe eingefahren?
- [ ] Dachluken und Fenster geschlossen?
- [ ] Satellit/Antenne eingefahren?
- [ ] Licht aus?
- [ ] Schränke, Schubladen, Türen schließen und ggf. sichern
- [ ] Alle losen Teile verstaut?
- [ ] Gashahn zugedreht? Überflüssiges Gas entwichen?
- [ ] Kühlschranktür gesichert?
- [ ] Ggf. Kühlschrank auf 12 V umgestellt?
- [ ] Ggf. Obst und Gemüse weich gelagert? (Bett, Couch)
- [ ] Flüssigkeiten senkrecht und gut verschlossen?
- [ ] Tür verschlossen?

Specials für Wohnwagen/Faltcaravan/Anhänger

- [ ] Wohnwagen ankuppeln, mit PKW verbinden
- [ ] Sicherungsseil / Abreißseil angebracht?
- [ ] Deichselrad / Stützen oben und gesichert?
- [ ] Lichter funktionieren? (Blinker, Bremslicht, Warnblinker, Rückwärtsgang)
- [ ] Auffahrkeile / Unterlegbretter eingepackt?
- [ ] Handbremse lösen

EIN LETZTER BLICK

Alles sicher, verstaut, geschlossen, eingepackt? Kein Schlüssel steckt im Türschloss? Kein Portemonnaie auf dem Autodach, keine Fernbedienung (für den Mover) auf der Deichsel?

GUTE FAHRT!

REGISTER

Umwelthinweis
Dieses Buch ist auf PEFC-zertifiziertem Papier aus nachhaltiger Waldwirtschaft gedruckt.

PEFC/32-31-076

IMPRESSUM

Herausgeber: GRÄFE UND UNZER VERLAG GmbH, Postfach 86 03 66, 81630 München
Leitender Redakteur: Benjamin Happel
Autoren: Marie Welsche, Martin Bliss
Verlagsredaktion: Nadia Terbrack
Redaktion und Lektorat: Anne Paulsen
Satz: Mediendesign Anne Tegler, Berlin
Bildredaktion: Dr. Nafsika Mylona
Schlusskorrektur: Chris Tomas
Umschlaggestaltung und Layout: Independent Medien Design, Horst Moser, München
Herstellung: Mendy Willerich
Druck und Bindung: Drukarnia Dimograf Sp z o.o. (Polen)

Ansprechpartner für den Anzeigenverkauf:
KV Kommunalverlag GmbH & Co. KG, MediaCenter München, Tel. 089/928 09 60

Bei Interesse an maßgeschneiderten B2B-Produkten:
roswitha.riedel@graefe-und-unzer.de

GRÄFE UND UNZER

Ein Unternehmen der
GANSKE VERLAGSGRUPPE

Markenlizenz der ADAC Camping GmbH, München
ISBN 978-3-95689-896-9
1. Auflage 2020

LESERSERVICE
adac@graefe-und-unzer.de
Tel. 00800/72 37 33 33 (gebührenfrei in D, A, CH)
Mo–Do: 9–17 Uhr, Fr: 9–16 Uhr

Bildnachweis:
Titelbild: Getty Images: Moment RF/Toni Hoffmann, **Illustration:** Tanja Burmeister (breakawaytoday.net)
Rücktitel: Getty Images: Kevin Key/Slworking; Shutterstock: Andrey Armyagov
Adobe Stock: thirdkey (192/2); Aktiv-Camping Neue Donau (173); **AWL Images:** Christian Kobe/John Warburton-Lee Photography Ltd (11); Bauernhof-Camping Wyler (171); Tanja Burmeister (21); Camp du Domaine (177); Camp Møns Klint (175); Camping Aaregg (24); Camping Čikat (180); Camping La Ballena Alegre (179); Camping Maaraue (165); Camping Marina di Venezia (178); Camping Pommernland (170); Camping Woferlgut (172); Camping Zeeburg (174); Cloefhänger (168); Daftö Resort (176); **Getty Images:** Markus Bernhard (10), Anupong Sakoolchai (192/3), Westend61 (192/1), Peter Cade (19); Martin Hager (168); Iwan Hediger (147, 148, 149, 150, 153); **HUBER IMAGES:** Claudio Cassaro (34), Richard Taylor (143); **iStockphoto:** Getty Images (13, 22–23, 27, 33, 36, 62, 65, 68, 73); Andre Junkereit (164); Kassel Camping- & Wohnmobilplatz (169); Katharina Kasinger (119); Daniel Kehret (87); Michèle Koch (39); **laif:** Andrea Artz (40), Miquel Gonzales (17); Coco Lang (154); **Look:** Michael Neumann (110–111); Angelika Mehlhase (137); Naturpark-Camping Prinzenholz (166); Naturcampingpark Rehberge (167); Franziska v. Oppen (109); Lea Schweikhard (131); **seasons.agency:** Ian Perkins (4); **Shutterstock:** aerophoto (61), AleMasche72 (5, 117), Andrey Armyagov (47, 144), Africa Studio (134), Alex Brylov (80), Cromo Digital (101), Elizaveta Galitckaia (124), Joshua S Hansen (156), Iryna Kalamurza (5, 78–79), KAMONRAT (120), Aleksey Korchemkin (56), Lana Kray (85), Ralf Liebhold (127), LightField Studios (104), Marina Lohrbach (157), Aleksi Partanen (2–3), Pentium5 (70), Vera Petrunina (138–139), Patrick Poendl (154), PRESSLAB (140), makasana photo (122), Monkey Business Images (6–7), kosmos111 (8), Sunrise Hunter (31), syc011 (55), sylv1rob1 (44), The world of words (88), New Africa (91), wavebreakmedia (95), Vyaseleva Elena (128), Voyagerix (97); Rouven Straub (77); Marie Welsche (98, 107, 112, 132, 160–161, 182); Kirk Williams (159); Michael Wissing (146, 151, 152)
Kapitel-Icons: Noun Project: Becris, Eucalyp, Forget Me Not, Made, Maxim Kulikov, monkik, ProSymbols, Shocho, Vichanon Chaimsuk

CAMPEN IST …

… im Einklang mit der Natur leben

… Ruhe und Einsamkeit genießen

… die Wunder der Natur bestaunen